osvaldo cibils

con radio con cuero
sin territorios

(libro de bolsillo con un texto y su contrario)

carrito of Trento

con radio con cuero sin territorios

(libro de bolsillo con un texto y su contrario)

© osvaldo cibils 2016

ISBN 978-1-326-77697-8

con radio con cuero sin territorios con parra con
fragilidad con electricidad sin moscas con piruetas
sin internet con puertas sin territorios con territorios con moscas con territorios con multitud sin territorios con vendaval con sol con enfrentamientos
con inteligencia con vendaval con dialecto sin sol
con sol con inteligencia con vendaval sin cielo sin
multitud con inteligencia sin temperatura con territorios sin territorios con vendaval sin paraíso con
fuego con territorios con vendaval con nieve con
mugidos sin vendaval sin vaca sin ruido con fuego
con sol sin enfrentamientos con temperatura sin sol
sin vaca sin temperatura sin desplazamientos con
temperatura sin momentos sin instancias con sol sin
temperatura con realizaciones sin multitud sin temperatura sin realizaciones con moscas sin multitud
con lápiz sin parra con radio sin cuero con mugidos
sin mugidos con realizaciones sin moscas sin sol
con simpleza con armonía con lentitud sin internet
sin inteligencia sin frasco sin mugidos sin olor con
frasco con olor sin inteligencia con olor sin realizaciones con mesa con inclinación sin reglas con números sin multitud con inteligencia con sol sin claraboyas con territorios sin multitud con vendaval
sin puertas con puertas con claraboyas con fuego
sin sol sin claraboyas con inteligencia con inteligencia sin realizaciones sin silla sin forma con mesa sin inclinación sin ropero con sol sin puertas con
sol con temperatura sin mugidos con inteligencia

con ruedas sin moscas con tubos con metal con
temperatura sin agua con inteligencia sin euforia
sin inteligencia con vendaval sin parra sin radio
con cuero sin temperatura con moscas con vereda
sin multitud con ruido con agua sin tubos con metal
sin temperatura con realizaciones sin puertas sin
euforia con mesa sin inclinación con dificultades
sin lápiz sin computadora sin olor con vaca con dificultades con claraboyas sin mar con zapatos sin
realizaciones con acciones sin papel con territorios
con moscas sin arena sin realizaciones con territorios sin moscas con arena con realizaciones con
vendaval con moscas con ruido con arena sin parra
con multitud sin radio con cuero con ingenuidad
sin claraboyas sin zapatos sin vidrio con sol con
autómatas con desplazamientos con inteligencia
con rejas con colchón con resortes sin vereda con
techo con ley sin pan con acciones con lentitud sin
sur sin territorios con vericuetos con claraboyas sin
vidrio con forma con zapatos sin sol sin perfección
con enfrentamientos sin perfección con mugidos
sin armonía con claraboyas con deseo con vendaval
sin multitud con moscas sin pan sin sótano con arena con brutalidades sin pan con territorios con moscas sin desplazamientos con mar con armonía sin
biblioteca con sótano sin pan con vendaval con
video con ruido con magnetismo con lápiz sin computadora sin lápiz con museo con eclipse con sol
con olor con sótano sin sol con códigos sin desplazamientos con internet sin repeticiones con mar con
ruido con parra con internet sin programas con
computadora sin claraboyas con pan con reverberación con inteligencia sin lápiz sin mugidos con
parra con mugidos con realizaciones con sol sin sol

con papel con realizaciones con internet con ruido
con adherentes con multitud con papel con ruido
sin lápiz con vaca con transparencia sin vendaval
con sol con ruido sin sol sin territorios con radio
con cuero con mar con territorios sin mar con desplazamientos con ruido con tenedores con paredes
con olor sin forma con radio sin cuero con realizaciones con lentitud con olor con moscas con
realizaciones sin ropero con desplazamientos con
sol sin claraboyas con sol con temperatura sin ruido
sin momentos con instancias sin vaca con papel
con lengua sin olor con lengua sin papel con vaca
con lengua sin olor con vendaval con inteligencia
con lengua con angustia con delito sin forma con
vaca con reloj con multitud con papel sin pan con
fuego con inteligencia con reja sin mugidos con
realizaciones con silla sin forma con computadora
con mesa con inclinación con mugidos sin eventos
con realizaciones sin paredes con piedras sin moscas con deseo con guantes con ropero con inteligencia sin lápiz con lápiz con cloro con soda sin
deseo sin lápiz con multitud con enfrentamientos
con computadora con claraboyas con sol con piedras sin sol con vereda con puertas con radio sin
cuero sin parra con territorios con cerradura con
territorios sin inteligencia con acciones sin honor
sin acciones con vaca con pan con desplazamientos
con repeticiones con lápiz sin intención sin realizaciones sin pan con lápiz con realizaciones con
lápiz con parra sin sombra con radio con cuero con
sinceridad sin valor con honor con inteligencia con
radio sin cuero con parra con sol sin claraboyas sin
sombra con deseo con parra con vendaval con realizaciones con lápiz con mugidos sin realizaciones

con mugidos con temperatura con determinación sin ruido con realizaciones con momentos con instancias con lápiz sin lápiz sin mugidos con realizaciones con mugidos con sol sin vaca con inteligencia con tubos con metal con temperatura sin agua con radio con cuero sin internet con lápiz sin mar con arena sin contornos sin escándalo sin temperatura con mar con realizaciones con inteligencia con olor con ruido con transparencia con lápiz con radio sin cuero sin parra con mar sin arena con vendaval con arena con claraboyas sin multitud sin pan con lápiz sin deseo con mar con realizaciones sin inteligencia con bordes con territorios sin vendaval con parra con vaca con lápiz sin parra sin radio con cuero con prioridades sin techo con vendaval sin parra sin techo sin claraboyas sin ley con mugidos sin lápiz sin kilómetros sin pan con momentos con instancias con parra sin realizaciones sin belleza sin calidad con moscas con frasco con vidrio sin territorios con radio sin cuero con realizaciones con forma con realizaciones con ruido con magnetismo sin moscas con inteligencia con claraboyas sin zapatos con realizaciones sin multitud con dormitorios con sal con vereda sin inteligencia con puertas con reverberación sin multitud con forma con escaleras con realizaciones con lápiz sin lápiz con paredes con multitud sin realizaciones con mugidos con mugidos sin lápiz con sótano sin sótano sin multitud sin bordes con cansancio con sótano sin libertad sin parra sin lápiz sin radio con cuero con vereda con alfombra con olor con rejas con ruido con adherentes sin kilómetros sin piedad con vaca sin vereda con lápiz sin kilómetros con territorios con murallas sin territorios con multitud sin realizaciones con lentitud con alfombra con rejas con abrojos sin alfombra con necesidad con soda con cloro con objetivos sin inteligencia con tubos con metal sin temperatura sin agua sin mar con inteligencia con vendaval con agua con inteligencia sin parra sin inteligencia con lápiz con claraboyas sin sótano sin lápiz sin sol con estímulos con ruido con adherentes con estruendo con caramelos sin pan con radio con cuero con olor con mar con vendaval sin radio con cuero sin parra con alcantarillas con ropero con plástico con advertencias sin lápiz con vaca con pan sin almohadas sin lápiz con rollo con papel sin olor con desplazamientos con sol sin territorios sin territorios sin lápiz con almohadas sin radio sin cuero con tubos con temperatura con puertas sin claraboyas con paredes sin sótano con parra con radio con cuero con enfrentamientos con interferencia con mugidos con claraboyas con moscas sin zapatos con frasco con vidrio con moscas sin arena con claraboyas con papel con arena con puertas con mugidos sin vendaval con vaca sin piedad con obligaciones sin lápiz sin mugidos sin derrotas sin estilo sin territorios con acciones con mugidos sin temperatura con momentos sin instancias con vaca con acciones sin dignidad con multitud con moscas con belleza con diversidad con momentos sin instancias con colchón con sótano con lápiz sin multitud con sol con antorcha sin moscas con parra sin multitud sin realizaciones con brutalidades con vereda sin vereda con lápiz sin vaca con realizaciones con moscas sin lápiz sin sol con moscas con queroseno con frasco con vidrio sin etiqueta con moscas sin firma con fecha con olor con lápiz con realizaciones sin sol sin consecuencias con parra con lápiz con radio con cuero sin moscas con realizaciones con internet con multitud con paredes con inteligencia sin belleza con moscas sin multitud con temperatura sin internet con multitud con obstinación con parra sin radio con cuero con belleza sin paredes con realizaciones sin multitud con reverberación sin realizaciones con paredes sin belleza sin multitud sin momentos con instancias con moscas con lápiz con paredes sin paredes sin sol con realizaciones sin belleza con reverberación con lápiz sin obstinación con moscas sin radio sin cuero con internet sin lápiz sin realizaciones con internet con parra sin electricidad con insolencia sin multitud con internet con paredes con realizaciones con belleza con lápiz sin realizaciones sin reverberación sin multitud sin electricidad con radio con cuero sin realizaciones con temperatura con multitud con paredes con vidrio con realizaciones con radio sin cuero con pan sin parra con electricidad con ruido con olor con piedras sin reverberación con deseo sin zapatos con internet con realizaciones con desplazamientos sin mar sin paredes sin lápiz con humedad sin mar con ladrillos sin sol con multitud sin territorios con lápiz con moscas sin moscas sin parra con sombra con multitud con agradecimiento con realidad sin vendaval con piedras con mar con realizaciones sin realizaciones con claraboyas con zapatos sin vidrio con sol sin multitud con territorios con brutalidades con electricidad con acciones sin ternura con lentitud con inteligencia con pan con deseo con piedras con vidrio sin zapatos con ternura con deseo con obstinación sin razonamiento con radio con cuero sin vendaval con vaca con multitud sin lápiz con piedras con oscilación con mar sin realizaciones sin resultados con multitud con parra sin proporciones con realizaciones con acontecimientos con ideas sin gloria con temperatura con brutalidades con acciones con olor sin vaca con lápiz con moscas con frasco con vidrio sin lápiz con sótano con condescendencia sin sótano sin inquietud sin sótano con realizaciones con radio con cuero sin parra sin multitud con fragmentos con brutalidades con multitud sin lápiz sin papel con vaca con fragmentos sin identidad con puertas con fragmentos sin contornos sin radio con cuero con paredes sin parra con mugidos con lápiz con papel con lápiz con lápiz con jarabe con parra sin brutalidades sin lápiz con moscas con lápiz con realizaciones con dobladillo con multitud con omnisciencia con parra sin parra con radio sin cuero con lápiz con orificios con ruido con paredes con multitud sin realizaciones con brutalidades con hierbas sin mar con moscas con frasco con vidrio sin vaca con multitud sin vericuetos con multitud con laureles con momentos sin instancias con adornos sin vaca sin radio con cuero con repeticiones con momentos sin instancias con brutalidades sin amanecer con silbato con multitud sin moscas con postales con insistencia con olor sin papel con lápiz con techo sin lápiz con ley sin levadura sin lápiz con ruido con transparencia sin perfección con lápiz con radio sin cuero con realizaciones sin lápiz con paredes con acantilados con radio con cuero con lápiz con amanecer con inteligencia con tubos con metal con temperatura con agua sin lentitud con perfección con belleza sin lápiz con lápiz sin vaca con ruido sin realizaciones con realizaciones con lápiz con realizaciones con mérito con multitud sin multitud con vaca con moscas con frasco con vidrio con sol con dormitorios con sal con mesa con inclinación con desplazamientos con piedras sin mar con contornos con ruido sin disciplina con repeticiones sin mugidos con pan con contornos con mar con puertas con sótano sin lápiz con multitud con desplazamientos con lápiz sin inteligencia sin tubos con metal con temperatura con agua sin computadora con vendaval con témpano con inteligencia con intenciones con proyección sin brutalidades con fuego con pernos sin vaca con moscas con kilómetros con lápiz con mugidos con radio con cuero con parra con forma sin forma con sed con lápiz con realizaciones con radio sin cuero con lápiz con mar sin realizaciones sin anécdota con ruido con laurel con realizaciones sin zapatos con mar con cubo con piedras con oscilación con radio sin cuero con realizaciones con lápiz sin papel con lápiz sin multitud sin paraguas sin vendaval con internet con vendaval con sótano con parra con brutalidades sin lápiz con electricidad con forma con piedras con oscilación con deseo con multitud con descubrimientos con moscas con omnisciencia sin paredes con realizaciones sin lápiz sin multitud con desplazamientos con colchón con realizaciones con paredes con resultados con parra con radio con cuero con lápiz con mugidos con dormitorios con sal con realizaciones con colchón con desobediencia sin territorios con piedras con olor sin territorios con olor con piedras sin parra sin piedras con ruido con radio sin cuero con dificultades con vaca con realizaciones con sol con desplazamientos con repeticiones con lápiz con desplazamientos sin realiza-

ciones con vaca con lápiz con moscas con frasco
con vidrio con contornos sin mar con contornos sin
territorios sin radio con cuero con contornos con
mar con mugidos con lápiz con perfección con belleza sin lentitud con ruido sin multitud con euforia
con vaca sin claraboyas con parra con sol con repeticiones con temperatura con momentos con instancias con realizaciones sin sol sin vendaval sin
vereda con objetivos con realizaciones con sol con
futilidad sin sol con pan con realizaciones sin desplazamientos con realizaciones con piedras sin ruido sin piedras con parra con sombra con pausa con
objetivos con mugidos sin pausa con multitud con
dientes con parra con realizaciones con multitud
con piedras sin montañas con kilómetros sin mar
sin sol con monedas sin olor con orificios sin sol
con vaca con moscas sin agua sin herramientas sin
troncos sin árbol sin territorios con árbol sin ideas
con troncos con kilómetros sin moscas con vaca sin
montañas con desplazamientos con ruido con sol
con kilómetros sin vaca sin ruido sin misterios sin
herramientas con sol con fuego sin temperatura sin
ruido sin territorios sin ideas con piedras con moscas con malentendidos sin interpretaciones con ideas con forma con deseo sin diferencia con secuencias con malentendidos sin inteligencia con mar
con ideas sin inteligencia sin curiosidad con teorías
con vaca sin kilómetros sin honor con moscas con
objetivos sin multitud sin dormitorios con sal sin
calidad con enfrentamientos con belleza con precio
con lápiz con análisis sin forma con acciones sin
vereda con realizaciones con papel sin multitud con
claraboyas con territorios con belleza con inteligencia sin olor con belleza sin engaños con accio-

nes con trascendencia con forma con olor con moscas sin belleza con sistemas sin vereda con electricidad sin sol sin vendaval sin transformaciones con multitud sin generaciones con electricidad sin realizaciones con brutalidades sin enfrentamientos con mar sin sol con oportunidades con fuego con sol sin realizaciones con radio con cuero sin parra sin electricidad con vaca sin vereda con silla sin enfrentamientos con lápiz sin moscas con vaca con radio con cuero con pan sin vaca con pan sin moscas con mesa con inclinación con moscas con mar con postales sin territorios con silla sin identidad sin forma sin temperatura con forma con inteligencia sin mar sin temperatura con internet sin sol con realizaciones sin multitud sin territorios con temperatura sin silla sin olor con multitud con silla sin brutalidades sin forma con lentitud con vaca con moscas sin variedad con moscas con piedras con sol sin desplazamientos con lápiz con vaca sin control con comunicación con moscas sin sol con realizaciones con sol con temperatura con alabanzas sin sol con agujero sin relaciones con teorías sin agujero con dormitorios sin sal con oscuridad con deseo sin mesa con inclinación sin vereda sin silla con oscuridad con vaca sin kilómetros sin realizaciones sin inteligencia con vendaval sin kilómetros sin piedras con claraboyas con arena con zapatos sin libertad con incertidumbre con pan sin experiencia con dormitorios con sal con inteligencia sin kilómetros con agua con ley con naturaleza con olor sin afecto con multitud con preguntas sin realizaciones con radio con cuero sin realizaciones sin máquinas sin decisiones con olor sin capacidad sin sistema con inteligencia con enigma con misterios sin forma con kilómetros sin territorios con lápiz con realizaciones con lentitud sin dudas sin justicia con relaciones sin moscas con poder sin inteligencia sin moscas sin multitud sin piedras con multitud con piedras con moscas con desplazamientos con mugidos con sol con moscas sin computadora con realizaciones sin puertas con ropero sin dormitorios con sal con desplazamientos con ruido con relaciones con moscas con inteligencia con temperatura con sol sin sol con lápiz sin temperamento sin carácter con influencia con brutalidades con pan con radio con cuero con parra con sol sin pan sin enfrentamientos con frescura sin jarabe con ficción sin oportunidades sin realizaciones con deseo sin oportunidades con parra con ruido con piedras sin enfrentamientos sin ciencia con realizaciones sin moscas con moscas con puertas con moscas sin libertad con multitud con deseo con moscas sin parra con radio sin cuero con poder con dudas con temperatura sin pan con parra con momentos sin instancias con ruido con fantasías sin misericordia sin dormitorios sin sal con peligro con destrucción con montañas con desplazamientos sin territorios con destinos sin elegancia con naturalidad sin trucos con moscas con vaca sin carne sin moscas sin experiencia con vaca con inteligencia con puertas con dormitorios con sal sin silla con multitud con silla con realizaciones con vendaval con silla con moscas con puertas con dormitorios sin sal con deseo sin moscas con realizaciones con vaca sin momentos sin instancias con ruido con mugidos con señales con libertad sin reacciones con territorios sin permiso sin dormitorios con sal con tentaciones sin realizaciones con vaca con

moscas con misericordia sin sol sin alfombra con
plomo sin territorios con temor con silencio sin
pausa sin sol sin temperatura con ruido con
electricidad con silencio con pausa sin silencio sin
vaca con reunión sin moscas con realizaciones sin
vereda con lentitud sin clara-boyas con silla con
basura sin ropero con ruido sin vereda con territorios con lentitud con silla sin culpa con realizaciones sin ruido con sol sin mar con información
con piruetas sin ideas sin dormitorios sin sal con
tristeza con multitud con autómatas con radio con
cuero con tenedores sin lápiz con realizaciones con
brújulas sin brutalidades con dientes con cicatriz
sin moscas con afectos sin sol sin naturaleza con
piruetas con parra sin vaca con moscas con resultados sin ejemplos con determinación con defectos
con razonamientos sin ley sin información con
moscas sin materia sin energía con parra sin electricidad con forma con ruido con multitud sin mar
con moscas con multitud sin temperatura sin riesgo
sin realizaciones con piedras con moscas sin temperatura con realizaciones sin mugidos sin inteligencia con resultados con computadora con arena
con silencio con kilómetros sin inteligencia con
aplausos con vientre sin kilómetros con pereza con
mugidos con enfrentamientos sin ruido sin realizaciones con lápiz sin kilómetros con objetivos con
determinación con perfección sin atención con vendaval con perfección sin sol sin armonía con inteligencia sin fantasía con deseo con belleza sin tri-
unfos con inteligencia con equilibrio sin continuidad con destrucción sin vaca sin territorios con belleza con forma con parra con radio con cuero sin
vereda con territorios sin multitud con silla sin ki-

lómetros sin acciones con forma sin belleza con
brutalidades sin recuerdos sin vaca sin internet con
pan con deseo con multitud con kilómetros sin sol
con fertilidad con vaca sin ternura con inteligencia
sin multitud con piedras con deseo sin inteligencia
sin territorios con agitación sin mar con computadora con realizaciones con computadora sin consecuencias con forma sin lápiz sin honor con moscas
sin vaca con retorno sin multitud sin brutalidades
con lealtad con multitud con mugidos sin furia sin
brutalidades sin futilidad con kilómetros con inteligencia con fiebre sin serpentinas con vaca con honor sin vendaval con inteligencia con moscas sin
honor con realizaciones con moscas sin llanto con
electricidad sin ladrillos con vendaval sin realizaciones con multitud con piedras con inteligencia sin
herramientas sin lápiz con moscas con territorios
con multitud sin vaca con mar con enfrentamientos
con silla sin inteligencia con moscas sin moscas
con mugidos sin pan con brutalidades sin moscas
con radio sin cuero con multitud con escondites
con inteligencia sin lentitud sin sol con belleza con
pan sin deseo con olor con forma con deseo con
pausa sin sol con sol sin paredes sin ladrillos sin
mugidos sin piruetas con lápiz sin sol sin ropero
con vientre con conversaciones con derrumbes con
bolsas con manuscritos sin fuego con superficie
con realizaciones con paredes sin moscas con mar
con moscas con vaca sin parra con territorios sin
vientre con claraboyas con dormitorios con sal con
silla con mesa con inclinación con realizaciones sin
sol con momentos sin instancias sin internet sin
papel sin lápiz con momentos con instancias sin derechos con moscas con mugidos con inteligencia

con grabaciones con ruido con multitud sin multitud con radio con cuero con inteligencia sin tranquilidad con internet sin realizaciones con paredes con lentitud con vendaval con mar sin ropero con olor sin sol con claraboyas con electricidad con ruido sin kilómetros con vaca con desplazamientos con piedras sin reuniones con olor con variaciones con realizaciones con repeticiones sin vericuetos con ruido sin advertencias con moscas con territorios sin encuentros con multitud sin elegancia con brutalidades sin sol con vaca con temperatura sin mar con realizaciones con moscas con moscas con dientes sin papel con condiciones sin olor sin forma con lápiz con piruetas sin promesas sin lápiz sin sol con enfrentamientos con acciones sin acciones con obstáculos sin plenitud sin sol con vaca con moscas con tranquilidad sin inspiración con lápiz con seguridad sin paredes con herramientas sin mar con realizaciones sin herramientas con inteligencia con objetivos sin realizaciones con humedad con cloro con soda con claraboyas con fuego con botas sin guantes con humedad con relaciones sin territorios con internet con lápiz con sutileza con fuego con inteligencia sin realizaciones con pan sin piedras con territorios con multitud con realizaciones sin inteligencia con ingredientes sin humedad con realizaciones con parra con sombra sin dientes sin dormitorios con sal con lápiz con enfrentamientos sin forma con realizaciones con territorios con contornos sin pan sin lápiz con territorios con intriga sin desenlace con vaca sin naturaleza sin sol con sol con claraboyas con vereda con multitud sin unidad con imaginación sin vínculos con inteligencia sin pan con percepción sin piruetas con moscas con realizaciones sin independencia con internet con lápiz con pan con lápiz con crisis sin obras con realizaciones con inteligencia sin vendaval con paraíso con respuestas con kilómetros con deseo con sol con temperatura sin puertas con teorías sin teorías con territorios sin puertas con puertas con radio sin cuero con realizaciones sin ideas con paraíso sin territorios sin realizaciones con papel sin brillo con temperatura con vaca sin estado con ideas sin taparrabos con territorios con moscas con ideas sin reformatorio con territorios sin taparrabos con pan sin dormitorios con sal con canibalismo sin kilómetros sin resurrección con kilómetros con respuestas sin multitud con vendaval sin momentos con instancias con resurrección sin materia con kilómetros sin vaca con transacciones con sol con kilómetros sin deseo con realizaciones sin temperatura sin inteligencia con piedad sin forma con autómatas sin nieve con jardín con edificio con pan sin dudas con encuentros con forma sin territorios con conversación con ruido sin multitud con territorios con sol con multitud con homogeneidad con moscas sin realizaciones con fecundidad con moscas sin método con temperatura sin realizaciones con dormitorios con sal con pan con claraboyas sin puertas sin radio con cuero con inteligencia con ruido sin inteligencia con poder con inteligencia con actualidad sin piruetas con fragmentos sin inteligencia con manchas sin olor sin temperatura con arena con radiación sin inteligencia con arena con territorios sin vaca con moscas con montañas sin lentitud con descenso con lentitud con radio con cuero con neuronas con degradación con desempeño con condiciones sin papel con sótano con multitud con dudas con alfombra sin territorios con temperatura sin vínculos con pasado con sol con resistencia con multitud sin olor sin claraboyas con claraboyas sin internet con moscas con acciones sin tensión con momentos sin instancias con pan sin peligros con paz con inteligencia sin realizaciones con vaca con destrucción sin piedras sin catástrofes con multitud con conciencia sin generaciones sin realizaciones con internet con paraíso con inquietud con kilómetros sin ilusiones sin poder con forma con parra sin raíces con paraíso con territorios con kilómetros con multitud sin kilómetros sin motor sin inquietud con tubos con metal con agua con temperatura sin vendaval con moscas sin recuerdos con desplazamientos con moscas sin moscas con silencio con sol sin vaca con alimento con forma con temperatura sin vaca sin kilómetros con multitud sin cabello con recuerdos con moscas con ruido con alfombra con anécdotas sin temperatura con preguntas con cariño sin preguntas con agua sin garrapiñada con pan sin mar sin agua con inteligencia con fuego sin brutalidades con ruido con mar con agua con fuego con fuerza sin lentitud con piruetas con caramelos con lentitud sin realizaciones sin calorías con deseo con multitud con pan sin temperatura con ruido sin olor sin ruido con sentimientos con excavaciones sin olor sin internet con realizaciones sin inteligencia sin tubos con metal con temperatura sin agua con brutalidades con fechorías sin mesa sin inclinación con claraboyas sin parra con sombra con puertas sin vaca con ropero con multitud con moscas con moscas con realizaciones sin claraboyas con ruido con zapatos sin autoridad con momentos sin instancias con gestos con ruido con radio con cuero sin parra con piruetas sin insolencia con desplazamientos sin piedad con lentitud sin ruido con vientre sin territorios con sol con multitud con cabello con fuego con moretones con claraboyas con moscas sin repeticiones con enfrentamientos sin inteligencia con pan sin enfrentamientos con ruido con sol con estrategias con inteligencia con moscas sin temperatura sin inteligencia con realizaciones sin moscas con puertas sin exterior con inteligencia con vereda sin papel con dormitorios con sal con silla sin consecuencias con moscas sin forma con deseo con inteligencia sin internet con lápiz sin moscas con inteligencia con vaca con olfato con vanguardias con lápiz sin moscas con territorios con territorios sin influencia con pernos sin lápiz con inteligencia sin moscas con olor con puertas con vendaval sin territorios sin vaca con moscas sin dormitorios sin sal con lentitud con silla con almohadas sin mar con alfombra con vaca con bienvenidas sin lentitud sin inteligencia con kilómetros sin olor con puertas sin realizaciones con latas con lápiz con vereda sin zapatos sin multitud con claraboyas con sol con libertad con claraboyas con zapatos con vidrio con claraboyas con vendaval sin inteligencia con mugidos con sol con lápiz con olor sin sombra con objetivos sin radio con cuero con arena sin piedad sin mesa con inclinación con fuego sin repeticiones con deseo con territorios sin territorios sin lápiz sin olor con enfrentamientos con kilómetros sin parra con moscas con desplazamientos sin moscas con ruido sin vaca con realizaciones con parra con sombra con ruido con papel con realizaciones con multitud con moscas con olor con realizaciones con multitud con clara-

boyas con parra con ruido con lápiz con ideas sin
forma con dudas con lápiz con vaca sin moscas con
realizaciones con moscas con inteligencia con internet sin ideas sin esfuerzo con temperatura con
sobresaltos sin escaleras con claraboyas sin zapatos
con fe con incertidumbres con vendaval con ruido
con tijeras sin desparramo con realizaciones sin silla con vaca con olor con puente con libertad con
ruido sin radio con cuero con papel sin vereda con
revistas con prejuicios sin multitud con desparramo
lápiz con tubos con metal con agua con temperatura con realizaciones con moscas con internet con
multitud sin papel con parra sin papel con pan con
internet con sol con significado con huellas con
papel con tragedia sin sol con moscas con temperatura con desplazamientos sin sol con mugidos
con olor sin fuego con realizaciones sin moscas sin
papel sin realizaciones con latas con olor con vereda con papel con multitud sin ruido con parra con
mugidos con moscas con sol sin sol con desplazamientos sin latas con vereda con tubos con metal
sin temperatura sin agua con desplazamientos con
piedras sin mar con moscas con pan con belleza
con olor con vereda sin paredes con claraboyas sin
zapatos sin territorios con vereda con territorios sin
inteligencia con vendaval sin realizaciones con
acontecimientos con cuaderno sin realizaciones con
tachaduras con subrayados con lápiz con lápiz con
ruido sin radio con cuero sin papel con desobediencia con territorios sin sol sin deseo sin naturaleza con realizaciones con definiciones con piedras
con olfato sin vanguardias sin radio con cuero con
respiración con multitud sin sol con realizaciones
con resultados sin sol sin vaca con moscas con sol

con moscas sin aplausos con sur con mesa sin
inclinación sin cuaderno con silla sin temperatura
con rigor con ropero sin acciones con realizaciones
con vereda sin latas con puertas sin vereda con
claraboyas con ropero con olor con electricidad con
internet sin olor con deseo con momentos sin
instancias sin inteligencia sin olfato con vanguardias con inteligencia con internet con sombra sin
recuerdos con deseo con inteligencia sin vientre
con momentos sin instancias con sombra con ropero con olor sin electricidad sin puertas sin claraboyas sin moscas con inteligencia con radio sin cuero
con dormitorios con sal con brutalidad sin forma
con respiración con ropero sin olor con electricidad
con botella con agua sin sol sin ruido con mesa sin
inclinación sin vaca con moscas sin tronco con ma-
dera con inteligencia con proporciones con moscas
sin moscas con vendaval con lentitud con objetivos
sin aprendizaje con asientos con multitud con
caramelos sin olor sin paisajes con kilómetros con
ruido sin sombra con mar sin claraboyas con lápiz
con zapatos con vendaval con parra sin vendaval
con lentitud sin radio sin cuero con parra con sombra sin kilómetros con llanto con puertas sin dormitorios con sal con vendaval con nidos sin rama sin
parra con ruido con internet sin construcción con
territorios con fragmentos con búsquedas sin juego
con ideas con animaciones con realizaciones con
lápiz con radio con cuero con computadora con
lentitud con moscas sin moscas con ruido con ropero con territorios con computadora sin sótano
con lápiz sin territorios con moscas con fragmentos
sin pasaporte con catálogos con moscas con educación con mugidos sin sol con parra con mugidos

con acciones sin fe con lentitud con fuego con dialéctica sin culpabilidad con ruido sin multitud con vereda con vaca sin claraboyas con zapatos sin inteligencia sin multitud sin realizaciones con moscas con dormitorios con sal con parra con arena sin radio con cuero internet con hipótesis con computadora con deseo con territorios sin moscas sin piruetas con moscas con papel sin parra con moscas con multitud con sol con pesadillas con realizaciones sin sol con parra con ruido con piedras sin olor con desplazamientos sin brillo con ruido sin doctrinas con músculos con baratijas sin multitud con parra sin olor con sombra con realizaciones con brutalidades con parra sin ruido sin vaca con resultados sin caos sin posibilidades sin lápiz con desplazamientos con experimentos sin sentimientos con multitud sin piedad sin deseo con creencias con multitud con estremecimientos sin ruido con silla sin sol sin brillo sin sol con deseo con silla sin temperatura sin momentos con instancias con latas con vereda con zapatos con libertad con claraboyas sin sol sin almohadas con dormitorios con sal con vaca con moscas sin territorios con ruido con territorios con moscas con realizaciones con ángulos con deseo con kilómetros sin fascinación con lógica sin desgaste sin inteligencia con desplazamientos sin contornos sin sol con agua con mar con vaca con ropero sin olor con electricidad con recuerdos sin vaca con moscas con capacidad con insistencia con piruetas sin kilómetros con inteligencia sin cielo con huecos con óvalos con cielo con ternura con propuestas con olor sin injurias con realizaciones con temblores con olor con ruido sin olor sin inteligencia con fuego con desplazamientos con ofensas sin inteligencia con papel con internet con imitación sin parra con inteligencia con protagonismo con peligro con multitud sin forma con misterios con vereda con moscas sin integridad con piruetas sin destellos con tubos con metal con temperatura sin agua con pan con sensaciones sin inmortalidad con moscas con almuerzo sin kilómetros sin forma con radio sin cuero con frascos con ideas sin piruetas con cielo con paredes con realizaciones sin territorios sin techo con vaca sin inteligencia con territorios con debilidades con mar con injurias con reproches con brutalidades sin sombra con moscas con parra sin brutalidades con vendaval con inteligencia con dientes sin inteligencia con perdón con sarcasmo con fe con brutalidades sin desplazamientos con fuego sin territorios sin vereda con moscas con lentitud sin fe con vaca sin moscas sin inteligencia con fuego sin misterios con inteligencia con hule sin acetona sin zapatos con claraboyas con lentitud con deseo sin doctrina sin multitud con inteligencia con fuego con sombra sin dientes con cinismo con papel sin lengua con truenos sin ideología sin inteligencia con ausencias sin territorios con ruido con desplazamientos sin acciones sin admiración con sobresaltos sin kilómetros sin puertas con inteligencia sin lengua con inteligencia sin enfrentamientos con papel sin ideas con puertas con moretón con moscas con puertas sin ley con inteligencia con vereda con inteligencia sin parra con radio sin cuero sin puertas sin ley con lentitud con olor sin puertas con deseo con olor sin puertas con vereda con papel con realizaciones con moscas sin ley sin ruido sin señales con insistencia con misericordia con paredes sin forma con realizaciones con vendaval con reglamentos sin realizaciones con desplazamientos con montañas con silla sin territorios con taparrabos con radio con cuero sin imperfecciones con vendaval con gratitud con pan sin experiencia con moscas con realizaciones con vendaval con fuego con parra con sombra con plomo sin maíz sin inteligencia con cadenas sin lágrimas con ruido sin vigor con añoranza con curiosidades sin ropero con olor sin moscas con electricidad con sosiego sin deseo sin diferencia con alfombra con horizontes con admiración con kilómetros sin moscas sin benevolencia con realizaciones sin trayectoria sin vendaval con voluntad sin destino con territorios con vaca sin desplazamientos con realizaciones con inteligencia con caparazón sin multitud con rugosidad con inteligencia sin silla con errores sin papel con inteligencia sin silla con piedras con ruido sin olor con dormitorios sin sal sin territorios con multitud sin multitud con inteligencia con intuición sin forma sin ideas con sentimientos con territorios con forma sin computadora con inteligencia con parra con multitud sin ruido con territorios sin vaca con sombra con parra sin ruido con monumentos con radio con cuero sin realizaciones con puertas sin dormitorios con sal con barro con claraboyas sin zapatos con ruido con realizaciones sin unicidad sin kilómetros con apropiaciones sin deseo sin resultados con inventos sin guantes sin zapatos con techo sin paredes con enfrentamientos sin claraboyas con vidrio con temperatura con inteligencia sin sol sin mar con misterios con momentos sin instancias sin ruido con zapatos con vereda con inteligencia sin parra con enfrentamientos con mar sin lápiz con inteligencia con mul-

titud sin cabello sin ropero con olor con electricidad sin inteligencia con dormitorios con sal con
lentitud con realizaciones con inteligencia con objetivos con necesidad sin profundidad sin banalidades con multitud sin desplazamientos sin multitud con vereda sin soporte con alergia con trauma
con ensoñación con dolor sin cicatriz sin territorios
con lógica sin inteligencia con papel sin resentimientos con revisionismo sin estrategias con justificación sin inteligencia con huesos con dudas sin
alergia con multitud sin agua con temperatura con
tubos sin metal con temperatura con agua sin taparrabos sin territorios con multitud con objetivos
con ruido con inmensidad sin multitud sin leña con
fuego sin acciones sin fe con territorios sin territorios con paredes sin vereda con realizaciones con
eclipses sin realidad con forma con vendaval con
vaca con mar con contornos sin territorios sin inteligencia con puertas sin descubrimientos con pedestal sin acciones sin posibilidades con territorios
con condiciones con normas sin iluminación con
sol con vaca sin vaca sin parra sin lápiz con radio
con cuero sin pan sin forma sin moscas con peligro
con realizaciones con mar con sol con enfrentamientos sin repeticiones con vaca sin sol sin mar
con realidad con imitación sin exactitud con parra
con nieve con existencia con realidad sin dormitorios con sal sin claraboyas con claraboyas con forma con multiplicidad sin experiencia con lápiz con
estética con vendaval sin lápiz sin pertenencias sin
multitud con testimonios con procedimientos sin
realidad con internet sin realizaciones con ruido sin
vaca con vendaval sin brutalidades con vaca con
moscas sin moscas sin mar con contornos con vaca

sin lápiz con papel con forma con moscas sin vaca
con piedras con forma sin lápiz con vaca con mar
con momentos sin instancias con internet sin lápiz
con fuego con multitud con moscas sin brutalidades
con ruinas con brutalidades sin contornos con pasión sin vendaval con ruido con vendaval sin lápiz
con forma con mugidos con moscas sin parra sin
ruido con multitud con vaca con temperatura con
forma con emergencia con lentitud sin paredes con
invisibilidad con vidrio sin claraboyas con realizaciones con vereda sin papel con paredes con parra
sin territorios con piedras con peligro con autómatas sin repertorio con realizaciones con conflictos sin lógica con territorios con ruido con sol sin
parra con radio con cuero con realizaciones con
mar sin tubos con metal con temperatura con agua
sin mar con percepción sin reverberación con limitaciones con desplazamientos con repeticiones con
variaciones sin lápiz sin inteligencia sin brevedad
sin mesa con inclinación con inteligencia sin cuello
sin conciencia con nariz sin propiedad con justicia
con equilibrio sin audacia con vendaval con puertas
con precaución con desplazamientos con ondulaciones con obligación sin relieve con alternativas
con dirección sin armonía con tensión sin paredes
con radio con cuero sin paredes sin ausencias con
desplazamientos con radio con cuero sin vaca con
parra con vendaval sin sol con oportunidades con
realizaciones con pernos con simpatía sin vereda
con inteligencia sin territorios con vaca con territorios con multitud con realizaciones sin territorios
con moscas con cambios sin continuidad con temperatura con pernos con realizaciones con territorios con inteligencia sin realidad con opuestos sin

conflicto con libertad con desplazamientos sin voluntad con ruido con acciones sin uniformidad con proporciones con instintos con deseo sin elegancia con vereda sin realizaciones con deseo con forma sin kilómetros con caducidad con fe sin fragmentos con olor sin símbolos con ruido con mugidos con radio con cuero sin vaca sin mar con realizaciones con forma con deseo sin forma con olor con tristeza sin destino con desplazamientos sin variaciones con inteligencia con abertura con brevedad sin mesa con inclinación con inteligencia con cuello sin conciencia sin nariz con internet con moscas sin acciones sin ideas con moscas con moscas con ideas sin ideas sin firma con libro sin fe sin necesidad con deseo sin multitud con aplausos con sol sin moscas con piruetas con aplausos con posibilidades sin acciones con moscas con sur sin moscas sin posibilidades con piruetas con vaca sin moscas con territorios con mar con tubos con metal sin temperatura sin agua sin sol sin mar con puertas con ruido sin territorios con mugidos con inteligencia sin inteligencia con vaca con inteligencia con pasado sin temperatura con episodios con poder sin recuperación sin realidad con daños con realizaciones con parra sin profundidad con radio con mar con cuero sin mesa con inclinación sin realizaciones con moscas sin vaca con internet sin piel con radio con cuero con cólera con inteligencia sin oportunidades sin sol con ruido sin sombra con vereda sin papel con realizaciones sin acciones sin internet con moscas con repeticiones sin variedad sin experiencia con errores con trabajo sin acciones con radio con cuero sin experiencia con terror sin experiencia sin terror con moscas con ideas sin moscas con ideas con realizaciones con autobiografía sin moscas sin deseo con piruetas sin acciones con moscas con inteligencia con piruetas sin oportunidades con temperatura con momentos sin instancias con vereda sin olor con vaca con mar con parra con ruido con radio con cuero con desplazamientos sin reverberación con moscas sin pan con parra con ruido con sombra con vendaval con oportunidades sin acciones con computadora con realizaciones sin dirección con caminos sin territorios con experiencia con temperatura sin acciones sin reverberación sin pan con reverberación con inteligencia sin estructura con territorios sin mugidos con deseo sin multitud con multitud sin realizaciones con vaca sin realidad con vaca con reverberación sin ética sin estética sin acciones con propósitos con moscas con manuscritos con reverberación sin cuaderno con poliedros sin conocimiento sin moscas con vaivén con escaleras sin temperatura con moscas con eternidad sin ejemplo sin detalle con impulso sin vaivén con sombra sin danza con vereda con frío sin olor sin lenguajes con moscas sin acciones con moscas con moscas sin forma con herramientas con ruido con adherentes sin lápiz sin desplazamientos con sol con claraboyas sin territorios con catedrales sin radio con cuero con territorios con temperatura sin detalles sin kilómetros sin olor con errores sin atractivo con inteligencia sin inteligencia con multitud con mugidos sin principio con territorios con belleza sin experiencia con escaleras sin inteligencia sin acciones con forma sin acontecimientos con forma con vaca sin inteligencia con multitud sin leyes con dormitorios con sal con mesa con inclinación con

esperanza con mar sin forma sin temperatura sin
episodios con estilo sin forma con innovaciones
con apariencia sin emoción con perspectivas sin
virtudes con paciencia sin repeticiones con variedad sin multitud con aventura con nostalgia con
multitud sin vaivén con lápiz con inteligencia con
radio con cuero sin ruido sin búsquedas con episodios con multitud con realidad sin sol sin territorios
con lápiz sin territorios con detalles sin acciones
sin territorios con vaca con pan con cosas con temperatura sin lápiz con mesa sin inclinación con
territorios con olor con bendiciones sin territorios
con olor con categorías con fragmentos sin detalles
con resistencia sin vaca con acciones con multitud
sin multitud sin parra con objetivos sin olor sin
repeticiones con vendaval con vaca sin territorios
con territorios con tubos con temperatura sin agua
con dormitorios con sal sin ruedas con inteligencia
sin olor con brillo sin mar con información con recuerdos con territorios sin forma con autómatas sin
realizaciones con lógica sin sol sin evidencias sin
ruido con desplazamientos sin dirección sin mar
con forma sin proporciones sin alternativas con dirección sin equilibrio con forma con vaca con desplazamientos con forma sin interpretaciones con
territorios sin kilómetros con lápiz con ruido con
pan con intuición sin comienzo con momentos con
instancias sin evolución con vaivén con presencia
con brutalidades con percepción sin reverberación
con moscas sin vereda sin realizaciones con claraboyas con zapatos con multitud sin enfrentamientos
con sol sin parra con radio con cuero con mar con
arena con fuego con agujero con inteligencia con
vereda sin vendaval sin recuerdos con antorcha sin

radio con cuero sin electricidad con parra sin sol con estructuras con desplazamientos sin olor con brillo sin experiencia con mar con habilidades sin deseo sin descripciones sin exactitud sin tubos con metal con agua con temperatura con territorios con realizaciones sin territorios sin temperatura sin evidencias con olor sin inteligencia con arena sin vaca con realizaciones sin razonamiento sin acontecimientos con lápiz con realidad con objetivos sin ingredientes sin realidad con mar con territorios sin conspiración con vaca sin brillo sin preguntas con experiencia sin realizaciones con kilómetros con mar con vereda sin realizaciones con experimentos con realizaciones con inteligencia sin objetivos con ruido con territorios sin sol con sol con lápiz sin territorios con territorios con realizaciones sin forma con acciones sin objetivos con ejemplos con brillo con mar con forma con desplazamientos con realizaciones sin títulos con tubos con metal con temperatura con agua con temperatura con multitud sin brutalidades con momentos con instancias sin inteligencia sin mar sin desplazamientos con forma con temperatura sin electricidad con desplazamientos sin brutalidades sin multitud con lápiz sin internet con temperatura sin desplazamientos con puertas con vereda con claraboyas sin radio con cuero con sol con desgaste sin efecto con ficción sin inteligencia con mar sin dimensión con mugidos sin lápiz con moscas sin multitud con ánimo sin temperatura con lápiz con realizaciones con multitud con conducta con territorios sin acciones con contornos con internet sin territorios sin brutalidades con olor sin inteligencia sin temperatura con mar con temperatura con momentos sin instancias con forma sin momentos con instancias con paredes con vereda sin claraboyas con papel con inteligencia sin vaca con moscas con realizaciones sin demostración con arena con ropero con electricidad sin olor con cubo con sol sin mar con temperatura sin complicidad sin territorios con forma sin sol con multitud con moscas con parra con radio sin cuero sin temperatura sin moscas con cotidianidad con análisis sin códigos sin internet con realizaciones sin percepción con procedimientos sin forma sin saliva con anhelos sin inteligencia con ruido sin territorios con mar con multitud sin inteligencia con moscas con vaca con vereda con brutalidades sin parra con sombra con temperatura sin mugidos con dormitorios con sal sin temperatura con temperatura con vaivén sin técnica con brutalidades con papel con neuronas sin brutalidades con territorios sin multitud con vereda con momentos sin instancias con instancias sin traducción sin multitud con forma sin realizaciones con objetividad con territorios con moscas sin forma sin respuestas con parra con radio con cuero sin vaivén con vaivén sin ética sin estética con vendaval con realizaciones con vaca con radio con cuero sin moscas con seguridad con fortuna sin piedras con delicadeza sin sol sin desplazamientos con fortuna con taparrabos sin radio con cuero con ruido con sol sin atractivos con multitud con vendaval con realizaciones con forma con latas con lápiz sin zapatos sin vereda sin colección con mar sin vereda con territorios sin radio con cuero con moscas con ruido con magnetismo sin agua con tubos con metal con temperatura con agua sin territorios con territorios con vaca con moscas con cosas con vereda sin

realizaciones sin diámetro sin arena sin tubos sin
metal con tubos con metal con temperatura sin
agua con olas sin arena sin arena sin territorios con
vendaval con realizaciones con sol sin inteligencia
con alcantarillas sin lápiz con mar con inteligencia
con delicadeza sin tubos con metal con temperatura
con agua con sol sin vientre con lápiz con inteligencia con necesidad con mar con papel sin sol con
mar con cansancio con taparrabos con deseo sin
realizaciones sin oportunidades con sol sin claraboyas sin zapatos con enfrentamientos sin multitud
con realizaciones sin escaleras con realizaciones
sin lápiz con mugidos con ruido sin radio con cuero
sin vaca con mugidos con territorios con ropero
con olor con electricidad sin sol sin escaleras sin
claraboyas sin zapatos con vendaval con forma con
agua sin tubos con metal con temperatura sin agua
sin mar con enfrentamientos sin piel sin papel sin
crecimiento con claraboyas con belleza con claraboyas sin claraboyas con dormitorios con sal con
brutalidades con fuego sin lápiz con claraboyas sin
radio con cuero con ruido sin internet con fuego
con vaca con zapatos sin vendaval sin inteligencia
con olor con ruido sin ruido sin vereda sin claraboyas sin sol con ruido con claraboyas con inteligencia con internet con computadora con lápiz sin indiferencia con sensaciones con revistas con lápiz
sin forma con olor sin alfombra con radio con ruido
sin piedras sin papel sin parra con sombra sin dormitorios con sal sin territorios con multitud con
fuego con realizaciones sin multitud con queroseno
sin parra sin oportunidades con deseo sin zapatos
sin ruido sin multitud sin queroseno con lupa con
ropero con revistas con parra con obstáculos con

sol con ruido con radio con cuero sin piel sin interferencia con arena con vaca sin multitud con olor
con deseo con arena con puertas con revistas con
fuego sin moscas con vaca con ruido con agua con
claraboyas sin vidrio sin moscas con polvo con fuego con internet sin posibilidades con moscas con
claraboyas sin agua con tubos con metal con temperatura con agua sin sol con contornos sin parra
sin sol con posibilidades con brutalidades sin mar
con electricidad con territorios con vereda sin realizaciones sin zapatos con lentitud con realizaciones sin cicatriz con pan con inteligencia sin vaca
con frasco con vidrio con moscas con cicatriz sin
ropero con olor con electricidad con moscas con radio sin cuero con brutalidades sin multitudes con
territorios sin parra sin queroseno con olor con radio con cuero con parra con inteligencia con ruido
con moscas con acciones con tijeras con inocencia
sin lápiz con electricidad sin sol con lápiz con
computadora con moscas con multitud sin agua con
deseo sin realizaciones con zapatos sin vereda con
latas con realizaciones sin mugidos con zapatos con
ausencias con inteligencia con opresión con reja sin
inteligencia con electricidad sin mar con ideas sin
ruido sin montañas con ropero con moscas sin arena con territorios sin realizaciones con moscas sin
sol sin pan con sensaciones sin pan con electricidad
con elegancia con complicidad con parra con radio
sin cuero con ruido con piedras sin realizaciones
con mugidos sin olor sin desplazamientos sin brutalidades con deseo sin vaca con multitud con repeticiones con lápiz sin internet con realizaciones con
repeticiones con ruido con lentitud con olor con variaciones sin relieve con proporciones sin fe sin al-

ternativa sin aprendizaje con proporciones sin claraboyas sin zapatos con recuerdos sin lápiz con dormitorios con sal sin electricidad con audífono sin enfrentamientos con moscas con ruido con incertidumbre sin electricidad con condiciones con inteligencia con agua sin contornos sin vaca con moscas con territorios con dormitorios sin sal con fe sin enfrentamientos sin realizaciones con territorios con fuego sin contornos con pan con desplazamientos con realizaciones con objetivos con sol sin mar con radio con cuero con vaca con errores con pan sin vereda con temperatura con desplazamientos con olor con realizaciones con vidrio con realizaciones sin contemporaneidad sin mar con moscas con sol sin parra sin internet con multitud sin inteligencia sin desplazamientos con inteligencia sin dimensiones con nieve con andamios sin claraboyas con olor sin papel con inteligencia con vereda con belleza con durabilidad sin latidos con defectos sin oportunidades con dormitorios sin sal con territorios sin multitud con deseo sin sol con mar sin arena con posibilidades con ternura con pan con lentitud sin desplazamientos con nervios con tubos con metal con temperatura sin agua con vereda sin sensaciones con ruido sin dispersión con inteligencia sin forma con moscas con olor sin realizaciones sin vereda con multitud con cabello con deudas con repeticiones sin silla con lápiz sin fragilidad con dormitorios con sal con humillación sin electricidad con audífono con radio sin cuero con pan sin pan con desplazamientos sin nieve con revistas con aljibe con multitud con moscas con territorios con lentitud con bolsas con claraboyas con parra sin zapatos con radio con cuero con exclamación sin aljibe con agua con tubos con metal con temperatura sin agua con mar con puertas sin inteligencia sin papel con inteligencia con parra con paréntesis con lápiz sin ruido sin comillas con moscas con mugidos con territorios con vaca con realizaciones con internet sin computadora con fuego con multitud sin realizaciones con vaca con deseo con vaca sin vereda sin moscas con ecuaciones con techo con degeneración sin ladrillos con arena con contornos con olor sin degeneración con repeticiones sin internet con tubos con temperatura con agua sin temperatura sin electricidad sin kilómetros con realizaciones con electricidad con barro sin belleza sin parra con ladrillos con desplazamientos sin conducta con puertas con inocencia con ropero con vaca sin parra con inocencia con pan con territorios con vereda con escaleras sin sótano con forma con computadora sin colecciones con ladrillos con mesa con inclinación sin vestigios con mar con lápiz con brutalidades con territorios con papel con psicología con revistas con mar con puertas sin papel con talco con desnutrición con moscas con paredes sin mar con brutalidades sin espectáculo con realizaciones sin multitud con paredes sin aplausos sin instinto con vendaval con altura sin realizaciones con moscas sin deportes con ruido con llanto sin aplausos con sol con humedad con taparrabos con deseo sin vaca sin recuerdos con realizaciones con territorios sin identidad con sótano con mugidos con taparrabos sin puertas con claraboyas con acciones con radio con cuero con lápiz sin papel sin mugidos con inteligencia con belleza con territorios sin mar sin conceptos con vaca sin basura con estilo con brutalidades sin piel con lápiz sin

solidaridad con fortuna sin alivio con organismos
con dormitorios con sal con parra sin sombra sin
control con ropero sin olor sin electricidad con territorios sin inteligencia sin olor con silla sin caridad sin lentitud sin ladrillos con ropero con olor sin
electricidad sin paredes con forma con humedad sin
forma con evolución con olor con forma con inteligencia sin silla con arena sin realizaciones con ruedas con independencia sin arena con oportunidades
con territorios con multitud con inteligencia sin
parra con pruebas con fragilidad con ruido con vaca sin realizaciones con probabilidades con forma
sin forma con acciones sin preferencias con técnica con misterios sin territorios con belleza con
ranuras sin delicadeza con electricidad con territorios con estilo sin esquemas con frescura sin ranuras con materia con energía con armonía sin delicadeza con papel sin lápiz sin electricidad sin reverberación con desplazamientos con realizaciones
con temperatura sin campanas sin anestesia con
vendaval con ruido sin enfrentamientos con inteligencia sin ruido con radio sin cuero con deseo con
olor sin mar sin puertas con enfrentamientos con
territorios con matemáticas con deseo sin silla con
claraboyas sin brutalidades con moscas con ranuras
con enfrentamientos con claraboyas sin zapatos con
sol sin inteligencia con parra sin papel con silla con
sol con realizaciones sin fragmentos con investigación con panfletos con repeticiones con forma con
inteligencia sin paredes con vendaval sin mar sin
enfrentamientos con vaca con territorios con olor
sin independencia sin olor sin resistencia sin silla
con lápiz sin vereda sin momentos con instancias
con agua con forma con tubos con metal con tem-

peratura con realizaciones con dormitorios con sal
sin realizaciones con fuego sin queroseno con mar
con vendaval sin olor con pernos sin realizaciones
con mar sin vereda con aljibe con claraboyas sin
belleza con forma con cabezas sin olor con inteligencia sin aplausos con lápiz con papel con
disciplina sin vaca con plomo sin bolsas sin botella
sin realizaciones con queroseno con botella con
queroseno con vereda sin ladrillos con computadora con opresión con paredes con inteligencia sin
olor con afrodisíacos sin multitud sin conversaciones con euforia sin plantillas con forma con
plantillas con deseo sin posibilidades sin territorios
sin experimentos sin repeticiones con territorios
con dificultades sin paredes sin territorios sin papel
con deseo con renglones con realizaciones con
electricidad con ruido con realizaciones con ruido
sin multitud con disciplina sin inteligencia con paredes con instrucciones con mar sin respiración con
ruido sin internet con inteligencia sin mensajes con
moscas con vaca con ruido sin rambla sin mar con
territorios sin inteligencia con sombra con hamaca
con parra sin cansancio con realizaciones con inteligencia sin parra con radio con cuero con sol sin
paredes con mar con realizaciones con inteligencia
sin vereda con vereda sin abusos con mar con lápiz
sin vereda con puertas con vereda con basura sin
sol sin tubos con metal con temperatura con vaca
con vendaval sin territorios sin ruido con valijas sin
ropero con multitud con olor con sótano con vereda
sin multitud con sótano con territorios sin lápiz con
aljibe sin mugidos con internet sin seguridad con
lápiz con papel con repeticiones sin kilómetros con
contornos con mugidos con realizaciones con ruido

con realizaciones sin moscas sin zapatos sin escaleras con alfombra con territorios con lápiz con parra sin vendaval sin parra con radio con cuero con vendaval sin lápiz con enfrentamientos con cicatriz con instrucciones sin objetivos con dormitorios con sal sin vendaval sin olor sin territorios con vendaval con fe con ruido sin electricidad sin internet sin repeticiones sin ropero con olor con electricidad con repeticiones con radio con cuero sin ruido con realizaciones con forma con realizaciones sin ruido sin mar con moscas sin multitud con ruido sin paredes con moscas con fiebre con computadora sin electricidad con mesa con inclinación sin puertas con lentitud con acciones sin olor con ruido con realizaciones con mar sin sol con vaca sin enfrentamientos con parra con ruido sin acciones con realizaciones con monumentos sin vaca sin vendaval sin lentitud con olor con silla sin inteligencia con territorios con electricidad sin olor con vereda con vendaval sin inteligencia con parra sin radio con cuero con silla con realizaciones sin piedras con paredes con moscas con consecuencias sin internet con moscas con silla con obstinación sin vendaval con moscas con desplazamientos con silla sin moscas con temperamento sin olor sin kilómetros sin reverberación con territorios con internet sin moscas con parra con olor con sol sin realizaciones con enfrentamientos sin moscas sin fe sin paredes con belleza sin moscas con paredes con reverberación con realizaciones sin enfrentamientos con paredes sin olor con sol con desplazamientos sin realizaciones con paredes con temperamento con ruido con realizaciones sin reverberación con radio sin cuero sin parra sin reverberación con realizaciones con silla

sin moscas con internet con moscas sin agujeros
con moscas con tubos con agua con temperatura sin
momentos con instancias con mar con sed con reverberación sin paredes con realizaciones con enfrentamientos sin moscas con kilómetros sin parra
con radio sin cuero con paredes sin radio con cuero
con moscas con deseo sin moscas con electricidad
con insolencia sin paredes con olor con errores con
pan con parra sin internet con paredes sin realizaciones con puertas con radio con cuero sin vendaval con radio con cuero con vereda con moscas sin
realizaciones con radio con cuero con brutalidades
sin deseo con paredes con reverberación sin temperatura con parra sin realizaciones con moscas sin
moscas con forma sin olor con moscas sin enfrentamientos con olor sin temperatura con temperatura
con realizaciones sin moscas con vendaval sin internet con moscas con errores sin repeticiones con
brutalidades sin parra sin kilómetros con radio con
cuero con realizaciones con olor sin paredes con
moscas con realizaciones sin moscas con multitud
con lentitud sin multitud con mugidos con territorios sin territorios con dormitorios sin sal sin silla
con calidad sin vereda con territorios sin horror con
moscas sin banderas con dormitorios sin sal sin
multitud con misterios sin fechas con lentitud con
zapatos con claraboyas con piedras sin olor con deseo con errores con brutalidades sin contornos con
enfrentamientos con brutalidades sin territorios sin
posibilidades con posibilidades con realizaciones
con olor con brillo sin territorios sin computadora
con inteligencia con olor con sol con realizaciones
sin multitud sin aprendizaje sin olor con internet
con ruido con territorios con justicia sin moscas

con moscas con poder sin deseo con ideas sin errores sin lentitud con ideas con forma con diferencias
sin inteligencia con parra con radio con cuero con
lápiz con ideas sin consecuencias con realizaciones
con multitud sin forma con vaca sin vereda con
ruido con realizaciones con territorios sin taparrabos con radio con cuero con parra con lápiz sin honor con forma con objetivos sin multitud con internet sin multitud con honor con enfrentamientos con
dormitorios con sal sin multitud con olor con lápiz
con belleza con enfrentamientos sin realizaciones
con taparrabos con multitud sin forma sin pan con
honor sin desplazamientos con parra con sol sin
mar sin arena con oportunidades con lápiz con ruido con mugidos sin vaca con territorios con lápiz
sin forma con acciones con vaca sin acciones con
belleza sin deseo con inteligencia con belleza con
deseo con acciones sin forma con radio con cuero
sin territorios con lápiz con moscas con belleza sin
ruido con lápiz con mugidos con realizaciones sin
inteligencia con radio sin cuero con territorios sin
sol sin electricidad con mugidos con realizaciones
con radio sin cuero con olor sin vaca sin sol sin repeticiones con pan con lápiz sin ruido con vendaval
con lápiz con ruido sin realizaciones con adherentes con vaca sin desplazamientos con deseo sin
moscas con parra con lentitud con realizaciones
con vereda sin sol con multitud con momentos con
instancias con mar con temperatura sin sol con
multitud sin moscas con inteligencia con radio con
cuero con parra con lápiz con papel con olor con
momentos sin instancias con temperatura sin sol
con realizaciones con ruido sin mar con radio con
cuero con territorios con belleza sin territorios

sin radio sin cuero con territorios sin parra sin fragilidad sin electricidad con moscas sin piruetas con internet sin puertas con territorios sin territorios sin moscas sin territorios sin multitud con territorios sin vendaval sin sol sin enfrentamientos sin inteligencia sin vendaval sin dialecto con sol sin sol sin inteligencia sin vendaval con cielo con multitud sin inteligencia con temperatura sin territorios con territorios sin vendaval con paraíso sin fuego sin territorios sin vendaval sin nieve sin mugidos con vendaval con vaca con ruido sin fuego sin sol con enfrentamientos sin temperatura con sol con vaca con temperatura con desplazamientos sin temperatura con momentos con instancias sin sol con temperatura sin realizaciones con multitud con temperatura con realizaciones sin moscas con multitud sin lápiz con parra sin radio con cuero sin mugidos con mugidos sin realizaciones con moscas con sol sin simpleza sin armonía sin lentitud con internet con inteligencia con frasco con mugidos con olor sin frasco sin olor con inteligencia sin olor con realizaciones sin mesa sin inclinación con reglas sin números con multitud sin inteligencia sin sol con claraboyas sin territorios con multitud sin vendaval con puertas sin puertas sin claraboyas sin fuego con sol con claraboyas sin inteligencia sin inteligencia con realizaciones con silla con forma sin mesa con inclinación con ropero sin sol con puertas sin sol sin temperatura con mugidos sin in-

teligencia sin ruedas con moscas sin tubos sin
metal sin temperatura con agua sin inteligencia con
euforia con inteligencia sin vendaval con parra con
radio sin cuero con temperatura sin moscas sin vereda con multitud sin ruido sin agua con tubos sin
metal con temperatura sin realizaciones con puertas
con euforia sin mesa con inclinación sin dificultades con lápiz con computadora con olor sin vaca
sin dificultades sin claraboyas con mar sin zapatos
con realizaciones sin acciones con papel sin territorios sin moscas con arena con realizaciones sin territorios con moscas sin arena sin realizaciones sin
vendaval sin moscas sin ruido sin arena con parra
sin multitud con radio sin cuero sin ingenuidad con
claraboyas con zapatos con vidrio sin sol sin autómatas sin desplazamientos sin inteligencia sin rejas
sin colchón sin resortes con vereda sin techo sin ley
con pan sin acciones sin lentitud con sur con territorios sin vericuetos sin claraboyas con vidrio sin
forma sin zapatos con sol con perfección sin enfrentamientos con perfección sin mugidos con armonía sin claraboyas sin deseo sin vendaval con
multitud sin moscas con pan con sótano sin arena
sin brutalidades con pan sin territorios sin moscas
con desplazamientos sin mar sin armonía con biblioteca sin sótano con pan sin vendaval sin video
sin ruido sin magnetismo sin lápiz con computadora con lápiz sin museo sin eclipse sin sol sin olor
sin sótano con sol sin códigos con desplazamientos
sin internet con repeticiones sin mar sin ruido sin
parra sin internet con programas sin computadora
con claraboyas sin pan sin reverberación sin inteligencia con lápiz con mugidos sin parra sin mugidos
sin realizaciones sin sol con sol sin papel sin rea-

lizaciones sin internet sin ruido sin adherentes sin multitud sin papel sin ruido con lápiz sin vaca sin transparencia con vendaval sin sol sin ruido con sol con territorios sin radio sin cuero sin mar sin territorios con mar sin desplazamientos sin ruido sin tenedores sin paredes sin olor con forma sin radio con cuero sin realizaciones sin lentitud sin olor sin moscas sin realizaciones con ropero sin desplazamientos sin sol con claraboyas sin sol sin temperatura con ruido con momentos sin instancias con vaca sin papel sin lengua con olor sin lengua con papel sin vaca sin lengua con olor sin vendaval sin inteligencia sin lengua sin angustia sin delito con forma sin vaca sin reloj sin multitud sin papel con pan sin fuego sin inteligencia sin reja con mugidos sin realizaciones sin silla con forma sin computadora sin mesa sin inclinación sin mugidos con eventos sin realizaciones con paredes sin piedras con moscas sin deseo sin guantes sin ropero sin inteligencia con lápiz sin lápiz sin cloro sin soda con deseo con lápiz sin multitud sin enfrentamientos sin computadora sin claraboyas sin sol sin piedras con sol sin vereda sin puertas sin radio con cuero con parra sin territorios sin cerradura sin territorios con inteligencia sin acciones con honor con acciones sin vaca sin pan sin desplazamientos sin repeticiones sin lápiz con intención con realizaciones con pan sin lápiz sin realizaciones sin lápiz sin parra con sombra sin radio sin cuero sin sinceridad con valor sin honor sin inteligencia sin radio con cuero sin parra sin sol con claraboyas con sombra sin deseo sin parra sin vendaval sin realizaciones sin lápiz sin mugidos con realizaciones sin mugidos sin temperatura sin determinación con ruido

sin realizaciones sin momentos sin instancias sin
lápiz con lápiz con mugidos sin realizaciones sin
mugidos sin sol con vaca sin inteligencia sin tubos
sin metal sin temperatura con agua sin radio sin
cuero con internet sin lápiz con mar sin arena con
contornos con escándalo con temperatura sin mar
sin realizaciones sin inteligencia sin olor sin ruido
sin transparencia sin lápiz sin radio con cuero con
parra sin mar con arena sin vendaval sin arena sin
claraboyas con multitud con pan sin lápiz con deseo sin mar sin realizaciones con inteligencia sin
bordes sin territorios con vendaval sin parra sin
vaca sin lápiz con parra con radio sin cuero sin
prioridades con techo sin vendaval con parra con
techo con claraboyas con ley sin mugidos con lápiz
con kilómetros con pan sin momentos sin instancias sin parra con realizaciones con belleza con
calidad sin moscas sin frasco sin vidrio con territorios sin radio con cuero sin realizaciones sin forma
sin realizaciones sin ruido sin magnetismo con
moscas sin inteligencia sin claraboyas con zapatos
sin realizaciones con multitud sin dormitorios sin
sal sin vereda con inteligencia sin puertas sin
reverberación con multitud sin forma sin escaleras
sin realizaciones sin lápiz con lápiz sin paredes sin
multitud con realizaciones sin mugidos sin mugidos con lápiz sin sótano con sótano con multitud
con bordes sin cansancio sin sótano con libertad
con parra con lápiz con radio sin cuero sin vereda
sin alfombra sin olor sin rejas sin ruido sin adherentes con kilómetros con piedad sin vaca con vereda sin lápiz con kilómetros sin territorios sin murallas con territorios sin multitud con realizaciones
sin lentitud sin alfombra sin rejas sin abrojos con

alfombra sin necesidad sin soda sin cloro sin objetivos con inteligencia sin tubos sin metal con temperatura con agua con mar sin inteligencia sin vendaval sin agua sin inteligencia con parra con inteligencia sin lápiz sin claraboyas con sótano con lápiz con sol sin estímulos sin ruido sin adherentes sin estruendo sin caramelos con pan sin radio sin cuero sin olor sin mar sin vendaval con radio sin cuero con parra sin alcantarillas sin ropero sin plástico sin advertencias con lápiz sin vaca sin pan con almohadas con lápiz sin rollo sin papel con olor sin desplazamientos sin sol con territorios con territorios con lápiz sin almohadas con radio con cuero sin tubos sin temperatura sin puertas con claraboyas sin paredes con sótano sin parra sin radio sin cuero sin enfrentamientos sin interferencia sin mugidos sin claraboyas sin moscas con zapatos sin frasco sin vidrio sin moscas con arena sin claraboyas sin papel sin arena sin puertas sin mugidos con vendaval sin vaca con piedad sin obligaciones con lápiz con mugidos con derrotas con estilo con territorios sin acciones sin mugidos con temperatura sin momentos con instancias sin vaca sin acciones con dignidad sin multitud sin moscas sin belleza sin diversidad sin momentos con instancias sin colchón sin sótano sin lápiz con multitud sin sol sin antorcha con moscas sin parra con multitud con realizaciones sin brutalidades sin vereda con vereda sin lápiz con vaca sin realizaciones sin moscas con lápiz con sol sin moscas sin queroseno sin frasco sin vidrio con etiqueta sin moscas con firma sin fecha sin olor sin lápiz sin realizaciones con sol con consecuencias sin parra sin lápiz sin radio sin cuero con moscas sin realizaciones sin internet sin multitud sin paredes sin inteligencia con belleza sin moscas con multitud sin temperatura con internet sin multitud sin obstinación sin parra con radio sin cuero sin belleza con paredes sin realizaciones con multitud sin reverberación con realizaciones sin paredes con belleza con multitud con momentos sin instancias sin moscas sin lápiz sin paredes con paredes con sol sin realizaciones con belleza sin reverberación sin lápiz con obstinación sin moscas con radio con cuero sin internet con lápiz con realizaciones sin internet sin parra con electricidad sin insolencia con multitud sin internet sin paredes sin realizaciones sin belleza sin lápiz con realizaciones con reverberación con multitud con electricidad sin radio sin cuero con realizaciones sin temperatura sin multitud sin paredes sin vidrio sin realizaciones sin radio con cuero sin pan con parra sin electricidad sin ruido sin olor sin piedras con reverberación sin deseo con zapatos sin internet sin realizaciones sin desplazamientos con mar con paredes con lápiz sin humedad con mar sin ladrillos con sol sin multitud con territorios sin lápiz sin moscas con moscas con parra sin sombra sin multitud sin agradecimiento sin realidad con vendaval sin piedras sin mar sin realizaciones con realizaciones sin claraboyas sin zapatos con vidrio sin sol con multitud sin territorios sin brutalidades sin electricidad sin acciones con ternura sin lentitud sin inteligencia sin pan sin deseo sin piedras sin vidrio con zapatos sin ternura sin deseo sin obstinación con razonamiento sin radio sin cuero con vendaval sin vaca sin multitud con lápiz sin piedras sin oscilación sin mar con realizaciones con resultados sin multitud sin parra con proporciones sin realizaciones sin acontecimientos sin ideas con gloria sin temperatura sin brutalidades sin acciones sin olor con vaca sin lápiz sin moscas sin frasco sin vidrio con lápiz sin sótano sin condescendencia con sótano con inquietud con sótano sin realizaciones sin radio sin cuero con parra con multitud sin fragmentos sin brutalidades sin multitud con lápiz con papel sin vaca sin fragmentos con identidad sin puertas sin fragmentos con contornos con radio sin cuero sin paredes con parra sin mugidos sin lápiz sin papel sin lápiz sin lápiz sin jarabe sin parra con brutalidades con lápiz sin moscas sin lápiz sin realizaciones sin dobladillo sin multitud sin omnisciencia sin parra con parra sin radio con cuero sin lápiz sin orificios sin ruido sin paredes sin multitud con realizaciones sin brutalidades sin hierbas con mar sin moscas sin frasco sin vidrio con vaca sin multitud con vericuetos sin multitud sin laureles sin momentos con instancias sin adornos con vaca con radio sin cuero sin repeticiones sin momentos con instancias sin brutalidades con amanecer sin silbato sin multitud con moscas sin postales sin insistencia sin olor con papel sin lápiz sin techo con lápiz sin ley con levadura con lápiz sin ruido sin transparencia con perfección sin lápiz sin radio con cuero sin realizaciones con lápiz sin paredes sin acantilados sin radio sin cuero sin lápiz sin amanecer sin inteligencia sin tubos sin metal sin temperatura sin agua con lentitud sin perfección sin belleza con lápiz sin lápiz con vaca sin ruido con realizaciones sin realizaciones sin lápiz sin realizaciones sin mérito sin multitud con multitud sin vaca sin moscas sin frasco sin vidrio sin sol sin dormitorios sin sal sin mesa sin inclinación sin desplazamientos sin piedras con mar sin contornos sin ruido con disciplina sin repeticiones con mugidos sin pan sin contornos sin mar sin puertas sin sótano con lápiz sin multitud sin desplazamientos sin lápiz con inteligencia con tubos sin metal sin temperatura sin agua con computadora sin vendaval sin témpano sin inteligencia sin intenciones sin proyección con brutalidades sin fuego sin pernos con vaca sin moscas sin kilómetros sin lápiz sin mugidos sin radio sin cuero sin parra sin forma con forma sin sed sin lápiz sin realizaciones sin radio con cuero sin lápiz sin mar con realizaciones con anécdota sin ruido sin laurel sin realizaciones con zapatos sin mar sin cubo sin piedras sin oscilación sin radio con cuero sin realizaciones sin lápiz con papel sin lápiz con multitud con paraguas con vendaval sin internet sin vendaval sin sótano sin parra sin brutalidades con lápiz sin electricidad sin forma sin piedras sin oscilación sin deseo sin multitud sin descubrimientos sin moscas sin omnisciencia con paredes sin realizaciones con lápiz con multitud sin desplazamientos sin colchón sin realizaciones sin paredes sin resultados sin parra sin radio sin cuero sin lápiz sin mugidos sin dormitorios sin sal sin realizaciones sin colchón sin desobediencia con territorios sin piedras sin olor con territorios sin olor sin piedras con parra con piedras sin ruido sin radio con cuero sin dificultades sin vaca sin realizaciones sin sol sin desplazamientos sin repeticiones sin lápiz sin desplazamientos con realizaciones sin vaca sin lápiz sin moscas sin frasco sin vidrio sin contornos con mar sin contornos con territorios con radio sin cuero sin contornos sin mar sin mugidos sin lápiz sin perfección sin belleza con lentitud sin ruido con multitud sin euforia sin vaca con claraboyas sin parra sin sol sin repeticiones sin temperatura sin momentos sin instancias sin realizaciones con sol con vendaval con vereda sin objetivos sin realizaciones sin sol sin futilidad con sol sin pan sin realizaciones con desplazamientos sin realizaciones sin piedras con ruido con piedras sin parra sin sombra sin pausa sin objetivos sin mugidos con pausa sin multitud sin dientes sin parra sin realizaciones sin multitud sin piedras con montañas sin kilómetros con mar con sol sin monedas con olor sin orificios con sol sin vaca sin moscas con agua con herramientas con troncos con árbol con territorios sin árbol con ideas sin troncos sin kilómetros con moscas sin vaca con montañas sin desplazamientos sin ruido sin sol sin kilómetros con vaca con ruido con misterios con herramientas sin sol sin fuego con temperatura con ruido con territorios con ideas sin piedras sin moscas sin malentendidos con interpretaciones sin ideas sin forma sin deseo con diferencia sin secuencias sin malentendidos con inteligencia sin mar sin ideas con inteligencia con curiosidad sin teorías sin vaca con kilómetros con honor sin moscas sin objetivos con multitud con dormitorios sin sal con calidad sin enfrentamientos sin belleza sin precio sin lápiz sin análisis con forma sin acciones con vereda sin realizaciones sin papel con multitud sin claraboyas sin territorios sin belleza sin inteligencia con olor sin belleza con engaños sin acciones sin trascendencia sin forma sin olor sin moscas con belleza sin sistemas con vereda sin electricidad con sol con vendaval con transformaciones sin multitud con generaciones sin electricidad con realizaciones sin brutalidades con enfrenta-

mientos sin mar con sol sin oportunidades sin
fuego sin sol con realizaciones sin radio sin cuero
con parra con electricidad sin vaca con vereda sin
silla con enfrentamientos sin lápiz con moscas sin
vaca sin radio sin cuero sin pan con vaca sin pan
con moscas sin mesa sin inclinación sin moscas sin
mar sin postales con territorios sin silla con identidad con forma con temperatura sin forma sin inteligencia con mar con temperatura sin internet con sol
sin realizaciones con multitud con territorios sin
temperatura con silla con olor sin multitud sin silla
con brutalidades con forma sin lentitud sin vaca sin
moscas con variedad sin moscas sin piedras sin sol
con desplazamientos sin lápiz sin vaca con control
sin comunicación sin moscas con sol sin realizaciones sin sol sin temperatura sin alabanzas con sol
sin agujero con relaciones sin teorías con agujero
sin dormitorios con sal sin oscuridad sin deseo con
mesa sin inclinación con vereda con silla sin
oscuridad sin vaca con kilómetros con realizaciones con inteligencia sin vendaval con kilómetros
con piedras sin claraboyas sin arena sin zapatos con
libertad sin incertidumbre sin pan con experiencia
sin dormitorios sin sal sin inteligencia con kilómetros sin agua sin ley sin naturaleza sin olor con
afecto sin multitud sin preguntas con realizaciones
sin radio sin cuero con realizaciones con máquinas
con decisiones sin olor con capacidad con sistema
sin inteligencia sin enigma sin misterios con forma
sin kilómetros con territorios sin lápiz sin realizaciones sin lentitud con dudas con justicia sin relaciones con moscas sin poder con inteligencia con
moscas con multitud con piedras sin multitud sin
piedras sin moscas sin desplazamientos sin mugi-

dos sin sol sin moscas con computadora sin realizaciones con puertas sin ropero con dormitorios sin sal sin desplazamientos sin ruido sin relaciones sin moscas sin inteligencia sin temperatura sin sol con sol sin lápiz con temperamento con carácter sin influencia sin brutalidades sin pan sin radio sin cuero sin parra sin sol con pan con enfrentamientos sin frescura con jarabe sin ficción con oportunidades con realizaciones sin deseo con oportunidades sin parra sin ruido sin piedras con enfrentamientos con ciencia sin realizaciones con moscas sin moscas sin puertas sin moscas con libertad sin multitud sin deseo sin moscas con parra sin radio con cuero sin poder sin dudas sin temperatura con pan sin parra sin momentos con instancias sin ruido sin fantasías con misericordia con dormitorios con sal sin peligro sin destrucción sin montañas sin desplazamientos con territorios sin destinos con elegancia sin naturalidad con trucos sin moscas sin vaca con carne con moscas con experiencia sin vaca sin inteligencia sin puertas sin dormitorios sin sal con silla sin multitud sin silla sin realizaciones sin vendaval sin silla sin moscas sin puertas sin dormitorios con sal sin deseo con moscas sin realizaciones sin vaca con momentos con instancias sin ruido sin mugidos sin señales sin libertad con reacciones sin territorios con permiso con dormitorios sin sal sin tentaciones con realizaciones sin vaca sin moscas sin misericordia con sol con alfombra sin plomo con territorios sin temor sin silencio con pausa con sol con temperatura sin ruido sin electricidad sin silencio sin pausa con silencio con vaca sin reunión con moscas sin realizaciones con vereda sin lentitud con clarabo-

yas sin silla sin basura con ropero sin ruido con
vereda sin territorios sin lentitud sin silla con culpa
sin realizaciones con ruido sin sol con mar sin información sin piruetas con ideas con dormitorios
con sal sin tristeza sin multitud sin autómatas sin
radio sin cuero sin tenedores con lápiz sin realizaciones sin brújulas con brutalidades sin dientes sin
cicatriz con moscas sin afectos con sol con naturaleza sin piruetas sin parra con vaca sin moscas sin
resultados con ejemplos sin determinación sin
defectos sin razonamientos con ley con información sin moscas con materia con energía sin parra
con electricidad sin forma sin ruido sin multitud
con mar sin moscas sin multitud con temperatura
con riesgo con realizaciones sin piedras sin moscas
con temperatura sin realizaciones con mugidos con
inteligencia sin resultados sin computadora sin
arena sin silencio sin kilómetros con inteligencia
sin aplausos sin vientre con kilómetros sin pereza
sin mugidos sin enfrentamientos con ruido con realizaciones sin lápiz con kilómetros sin objetivos sin
determinación sin perfección con atención sin vendaval sin perfección con sol con armonía sin inteligencia con fantasía sin deseo sin belleza con triun-
fos sin inteligencia sin equilibrio con continuidad
sin destrucción con vaca con territorios sin belleza
sin forma sin parra sin radio sin cuero con vereda
sin territorios con multitud sin silla con kilómetros
con acciones sin forma con belleza sin brutalidades
con recuerdos con vaca con internet sin pan sin deseo sin multitud sin kilómetros con sol sin fertilidad sin vaca con ternura sin inteligencia con multitud sin piedras sin deseo con inteligencia con territorios sin agitación con mar sin computadora sin

realizaciones sin computadora con consecuencias sin forma con lápiz con honor sin moscas con vaca sin retorno con multitud con brutalidades sin lealtad sin multitud sin mugidos con furia con brutalidades con futilidad sin kilómetros sin inteligencia sin fiebre con serpentinas sin vaca sin honor con vendaval sin inteligencia sin moscas con honor sin realizaciones sin moscas con llanto sin electricidad con ladrillos sin vendaval con realizaciones sin multitud sin piedras sin inteligencia con herramientas con lápiz sin moscas sin territorios sin multitud con vaca sin mar sin enfrentamientos sin silla con inteligencia sin moscas con moscas sin mugidos con pan sin brutalidades con moscas sin radio con cuero sin multitud sin escondites sin inteligencia con lentitud con sol sin belleza sin pan con deseo sin olor sin forma sin deseo sin pausa con sol sin sol con paredes con ladrillos con mugidos con piruetas sin lápiz con sol con ropero sin vientre sin conversaciones sin derrumbes sin bolsas sin manuscritos con fuego sin superficie sin realizaciones sin paredes con moscas sin mar sin moscas sin vaca con parra sin territorios con vientre sin claraboyas sin dormitorios sin sal sin silla sin mesa sin inclinación sin realizaciones con sol sin momentos con instancias con internet con papel con lápiz sin momentos sin instancias con derechos sin moscas sin mugidos sin inteligencia sin grabaciones sin ruido sin multitud con multitud sin radio sin cuero sin inteligencia con tranquilidad sin internet con realizaciones sin paredes sin lentitud sin vendaval sin mar con ropero sin olor con sol sin claraboyas sin electricidad sin ruido con kilómetros sin vaca sin desplazamientos sin piedras con reuniones sin olor sin

variaciones sin realizaciones sin repeticiones con
vericuetos sin ruido con advertencias sin moscas
sin territorios con encuentros sin multitud con elegancia sin brutalidades con sol sin vaca sin temperatura con mar sin realizaciones sin moscas sin
moscas sin dientes con papel sin condiciones con
olor con forma sin lápiz sin piruetas con promesas
con lápiz con sol sin enfrentamientos sin acciones
con acciones sin obstáculos con plenitud con sol
sin vaca sin moscas sin tranquilidad con inspiración
sin lápiz sin seguridad con paredes sin herramientas
con mar sin realizaciones con herramientas sin inteligencia sin objetivos con realizaciones sin humedad sin cloro sin soda sin claraboyas sin fuego sin
botas con guantes sin humedad sin relaciones con
territorios sin internet sin lápiz sin sutileza sin fuego sin inteligencia con realizaciones sin pan con
piedras sin territorios sin multitud sin realizaciones
con inteligencia sin ingredientes con humedad sin
realizaciones sin parra sin sombra con dientes con
dormitorios sin sal sin lápiz sin enfrentamientos
con forma sin realizaciones sin territorios sin contornos con pan con lápiz sin territorios sin intriga
con desenlace sin vaca con naturaleza con sol sin
sol sin claraboyas sin vereda sin multitud con unidad sin imaginación con vínculos sin inteligencia
con pan sin percepción con piruetas sin moscas sin
realizaciones con independencia sin internet sin lápiz sin pan sin lápiz sin crisis con obras sin realizaciones sin inteligencia con vendaval sin paraíso sin
respuestas sin kilómetros sin deseo sin sol sin temperatura con puertas sin teorías con teorías sin territorios con puertas sin puertas sin radio con cuero
sin realizaciones con ideas sin paraíso con territo-

rios con realizaciones sin papel con brillo sin temperatura sin vaca con estado sin ideas con taparrabos sin territorios sin moscas sin ideas con reformatorio sin territorios con taparrabos sin pan con dormitorios sin sal sin canibalismo con kilómetros con resurrección sin kilómetros sin respuestas con multitud sin vendaval con momentos sin instancias sin resurrección con materia sin kilómetros con vaca sin transacciones sin sol sin kilómetros con deseo sin realizaciones con temperatura con inteligencia sin piedad con forma sin autómatas con nieve sin jardín sin edificio sin pan con dudas sin encuentros sin forma con territorios sin conversación sin ruido con multitud sin territorios sin sol sin multitud sin homogeneidad sin moscas con realizaciones sin fecundidad sin moscas con método sin temperatura con realizaciones sin dormitorios sin sal sin pan sin claraboyas con puertas con radio sin cuero sin inteligencia sin ruido con inteligencia sin poder sin inteligencia sin actualidad con piruetas sin fragmentos con inteligencia sin manchas con olor con temperatura sin arena sin radiación con inteligencia sin arena sin territorios con vaca sin moscas sin montañas con lentitud sin descenso sin lentitud sin radio sin cuero sin neuronas sin degradación sin desempeño sin condiciones con papel sin sótano sin multitud sin dudas sin alfombra con territorios sin temperatura con vínculos sin pasado sin sol sin resistencia sin multitud con olor con claraboyas sin claraboyas con internet sin moscas sin acciones con tensión sin momentos con instancias sin pan con peligros sin paz sin inteligencia con realizaciones sin vaca sin destrucción con piedras con catástrofes sin multitud sin conciencia con ge-

neraciones con realizaciones sin internet sin paraíso
sin inquietud sin kilómetros con ilusiones con poder sin forma sin parra con raíces sin paraíso sin
territorios sin kilómetros sin multitud con kilómetros con motor con inquietud sin tubos sin metal sin
agua sin temperatura con vendaval sin moscas con
recuerdos sin desplazamientos sin moscas con moscas sin silencio sin sol con vaca sin alimento sin
forma sin temperatura con vaca con kilómetros sin
multitud con cabello sin recuerdos sin moscas sin
ruido sin alfombra sin anécdotas con temperatura
sin preguntas sin cariño con preguntas sin agua con
garrapiñada sin pan con mar con agua sin inteligencia sin fuego con brutalidades sin ruido sin mar
sin agua sin fuego sin fuerza con lentitud sin piruetas sin caramelos sin lentitud con realizaciones con
calorías sin deseo sin multitud sin pan con temperatura sin ruido con olor con ruido sin sentimientos
sin excavaciones con olor con internet sin realizaciones con inteligencia con tubos sin metal sin temperatura con agua sin brutalidades sin fechorías con
mesa con inclinación sin claraboyas con parra sin
sombra sin puertas con vaca sin ropero sin multitud
sin moscas sin moscas sin realizaciones con claraboyas sin ruido sin zapatos con autoridad sin momentos con instancias sin gestos sin ruido sin radio
sin cuero con parra sin piruetas con insolencia sin
desplazamientos con piedad sin lentitud con ruido
sin vientre con territorios sin sol sin multitud sin
cabello sin fuego sin moretones sin claraboyas sin
moscas con repeticiones sin enfrentamientos con
inteligencia sin pan con enfrentamientos sin ruido
sin sol sin estrategias sin inteligencia sin moscas
con temperatura con inteligencia sin realizaciones

con moscas sin puertas con exterior sin inteligencia
sin vereda con papel sin dormitorios sin sal sin silla
con consecuencias sin moscas con forma sin deseo
sin inteligencia con internet sin lápiz con moscas
sin inteligencia sin vaca sin olfato sin vanguardias
sin lápiz con moscas sin territorios sin territorios
con influencia sin pernos con lápiz sin inteligencia
con moscas sin olor sin puertas sin vendaval con territorios con vaca sin moscas con dormitorios con
sal sin lentitud sin silla sin almohadas con mar sin
alfombra sin vaca sin bienvenidas con lentitud con
inteligencia sin kilómetros con olor sin puertas con
realizaciones sin latas sin lápiz sin vereda con zapatos con multitud sin claraboyas sin sol sin libertad sin claraboyas sin zapatos sin vidrio sin claraboyas sin vendaval con inteligencia sin mugidos sin
sol sin lápiz sin olor con sombra sin objetivos con
radio sin cuero sin arena con piedad con mesa sin
inclinación sin fuego con repeticiones sin deseo sin
territorios con territorios con lápiz con olor sin enfrentamientos sin kilómetros con parra sin moscas
sin desplazamientos con moscas sin ruido con vaca
sin realizaciones sin parra sin sombra sin ruido sin
papel sin realizaciones sin multitud sin moscas sin
olor sin realizaciones sin multitud sin claraboyas
sin parra sin ruido sin lápiz sin ideas con forma sin
dudas sin lápiz sin vaca con moscas sin realizaciones sin moscas sin inteligencia sin internet con
ideas con esfuerzo sin temperatura sin sobresaltos
con escaleras sin claraboyas con zapatos sin fe sin
incertidumbres sin vendaval sin ruido sin tijeras
con desparramo sin realizaciones con silla sin vaca
sin olor sin puente sin libertad sin ruido con radio
sin cuero sin papel con vereda sin revistas sin pre-

juicios con multitud sin desparramo lápiz sin tubos
sin metal sin agua sin temperatura sin realizaciones
sin moscas sin internet sin multitud con papel sin
parra con papel sin pan sin internet sin sol sin significado sin huellas sin papel sin tragedia con sol
sin moscas sin temperatura sin desplazamientos
con sol sin mugidos sin olor con fuego sin realizaciones con moscas con papel con realizaciones sin
latas sin olor sin vereda sin papel sin multitud con
ruido sin parra sin mugidos sin moscas sin sol con
sol sin desplazamientos con latas sin vereda sin tubos sin metal con temperatura con agua sin desplazamientos sin piedras con mar sin moscas sin pan
sin belleza sin olor sin vereda con paredes sin claraboyas con zapatos con territorios sin vereda sin
territorios con inteligencia sin vendaval con realizaciones sin acontecimientos sin cuaderno con realizaciones sin tachaduras sin subrayados sin lápiz
sin lápiz sin ruido con radio sin cuero con papel sin
desobediencia sin territorios con sol con deseo con
naturaleza sin realizaciones sin definiciones sin
piedras sin olfato con vanguardias con radio sin
cuero sin respiración sin multitud con sol sin realizaciones sin resultados con sol con vaca sin moscas
sin sol sin moscas con aplausos sin sur sin mesa
con inclinación con cuaderno sin silla con temperatura sin rigor sin ropero con acciones sin realizaciones sin vereda con latas sin puertas con vereda
sin claraboyas sin ropero sin olor sin electricidad
sin internet con olor sin deseo sin momentos con
instancias con inteligencia con olfato sin vanguardias sin inteligencia sin internet sin sombra con recuerdos sin deseo sin inteligencia con vientre sin
momentos con instancias sin sombra sin ropero sin

olor con electricidad con puertas con claraboyas
con moscas sin inteligencia sin radio con cuero sin
dormitorios sin sal sin brutalidad con forma sin
respiración sin ropero con olor sin electricidad sin
botella sin agua con sol con ruido sin mesa con inclinación con vaca sin moscas con tronco sin made-
ra sin inteligencia sin proporciones sin moscas con
moscas sin vendaval sin lentitud sin objetivos con
aprendizaje sin asientos sin multitud sin caramelos
con olor con paisajes sin kilómetros sin ruido con
sombra sin mar con claraboyas sin lápiz sin zapatos
sin vendaval sin parra con vendaval sin lentitud con
radio con cuero sin parra sin sombra con kilómetros sin llanto sin puertas con dormitorios sin sal
sin vendaval sin nidos con rama con parra sin ruido
sin internet con construcción sin territorios sin
fragmentos sin búsquedas con juego sin ideas sin
animaciones sin realizaciones sin lápiz sin radio sin
cuero sin computadora sin lentitud sin moscas con
moscas sin ruido sin ropero sin territorios sin computadora con sótano sin lápiz con territorios sin
moscas sin fragmentos con pasaporte sin catálogos
sin moscas sin educación sin mugidos con sol sin
parra sin mugidos sin acciones con fe sin lentitud
sin fuego sin dialéctica con culpabilidad sin ruido
con multitud sin vereda sin vaca con claraboyas sin
zapatos con inteligencia con multitud con realizaciones sin moscas sin dormitorios sin sal sin parra
sin arena con radio sin cuero internet sin hipótesis
sin computadora sin deseo sin territorios con moscas con piruetas sin moscas sin papel con parra sin
moscas sin multitud sin sol sin pesadillas sin realizaciones con sol sin parra sin ruido sin piedras con
olor sin desplazamientos con brillo sin ruido con

doctrinas sin músculos sin baratijas con multitud
sin parra con olor sin sombra sin realizaciones sin
brutalidades sin parra con ruido con vaca sin resultados con caos con posibilidades con lápiz sin desplazamientos sin experimentos con sentimientos sin
multitud con piedad con deseo sin creencias sin
multitud sin estremecimientos con ruido sin silla
con sol con brillo con sol sin deseo sin silla con
temperatura con momentos sin instancias sin latas
sin vereda sin zapatos sin libertad sin claraboyas
con sol con almohadas sin dormitorios sin sal sin
vaca sin moscas con territorios sin ruido sin territorios sin moscas sin realizaciones sin ángulos sin
deseo sin kilómetros con fascinación sin lógica con
desgaste con inteligencia sin desplazamientos con
contornos con sol sin agua sin mar sin vaca sin ropero con olor sin electricidad sin recuerdos con vaca sin moscas sin capacidad sin insistencia sin piruetas con kilómetros sin inteligencia con cielo sin
huecos sin óvalos sin cielo sin ternura sin propuestas sin olor con injurias sin realizaciones sin temblores sin olor sin ruido con olor con inteligencia
sin fuego sin desplazamientos sin ofensas con inteligencia sin papel sin internet sin imitación con parra sin inteligencia sin protagonismo sin peligro sin
multitud con forma sin misterios sin vereda sin
moscas con integridad sin piruetas con destellos sin
tubos sin metal sin temperatura con agua sin pan
sin sensaciones con inmortalidad sin moscas sin almuerzo con kilómetros con forma sin radio con
cuero sin frascos sin ideas con piruetas sin cielo sin
paredes sin realizaciones con territorios con techo
sin vaca con inteligencia sin territorios sin debilidades sin mar sin injurias sin reproches sin bruta-

lidades con sombra sin moscas sin parra con brutalidades sin vendaval sin inteligencia sin dientes con
inteligencia sin perdón sin sarcasmo sin fe sin brutalidades con desplazamientos sin fuego con territorios con vereda sin moscas sin lentitud con fe sin
vaca con moscas con inteligencia sin fuego con
misterios sin inteligencia sin hule con acetona con
zapatos sin claraboyas sin lentitud sin deseo con
doctrina con multitud sin inteligencia sin fuego sin
sombra con dientes sin cinismo sin papel con lengua sin truenos con ideología con inteligencia sin
ausencias con territorios sin ruido sin desplazamientos con acciones con admiración sin sobresaltos con kilómetros con puertas sin inteligencia con
lengua sin inteligencia con enfrentamientos sin papel con ideas sin puertas sin moretón sin moscas
sin puertas con ley sin inteligencia sin vereda sin
inteligencia con parra sin radio con cuero con puertas con ley sin lentitud sin olor con puertas sin deseo sin olor con puertas sin vereda sin papel sin
realizaciones sin moscas con ley con ruido con señales sin insistencia sin misericordia sin paredes
con forma sin realizaciones sin vendaval sin reglamentos con realizaciones sin desplazamientos sin
montañas sin silla con territorios sin taparrabos sin
radio sin cuero con imperfecciones sin vendaval sin
gratitud sin pan con experiencia sin moscas sin realizaciones sin vendaval sin fuego sin parra sin sombra sin plomo con maíz con inteligencia sin cadenas con lágrimas sin ruido con vigor sin añoranza
sin curiosidades con ropero sin olor con moscas sin
electricidad sin sosiego con deseo con diferencia
sin alfombra sin horizontes sin admiración sin kilómetros con moscas con benevolencia sin realizacio-

nes con trayectoria con vendaval sin voluntad con destino sin territorios sin vaca con desplazamientos sin realizaciones sin inteligencia sin caparazón con multitud sin rugosidad sin inteligencia con silla sin errores con papel sin inteligencia con silla sin piedras sin ruido con olor sin dormitorios con sal con territorios sin multitud con multitud sin inteligencia sin intuición con forma con ideas sin sentimientos sin territorios sin forma con computadora sin inteligencia sin parra sin multitud con ruido sin territorios con vaca sin sombra sin parra con ruido sin monumentos sin radio sin cuero con realizaciones sin puertas con dormitorios sin sal sin barro sin claraboyas con zapatos sin ruido sin realizaciones con unicidad con kilómetros sin apropiaciones con deseo con resultados sin inventos con guantes con zapatos sin techo con paredes sin enfrentamientos con claraboyas sin vidrio sin temperatura sin inteligencia con sol con mar sin misterios sin momentos con instancias con ruido sin zapatos sin vereda sin inteligencia con parra sin enfrentamientos sin mar con lápiz sin inteligencia sin multitud con cabello con ropero sin olor sin electricidad con inteligencia sin dormitorios sin sal sin lentitud sin realizaciones sin inteligencia sin objetivos sin necesidad con profundidad con banalidades sin multitud con desplazamientos con multitud sin vereda con soporte sin alergia sin trauma sin ensoñación sin dolor con cicatriz con territorios sin lógica con inteligencia sin papel con resentimientos sin revisionismo con estrategias sin justificación con inteligencia sin huesos sin dudas con alergia sin multitud con agua sin temperatura sin tubos con metal sin temperatura sin agua con taparrabos con territorios sin multitud sin objetivos sin ruido sin inmensidad con multitud con leña sin fuego con acciones con fe sin territorios con territorios sin paredes con vereda sin realizaciones sin eclipses con realidad sin forma sin vendaval sin vaca sin mar sin contornos con territorios con inteligencia sin puertas con descubrimientos sin pedestal con acciones con posibilidades sin territorios sin condiciones sin normas con iluminación sin sol sin vaca con vaca con parra con lápiz sin radio sin cuero con pan con forma con moscas sin peligro sin realizaciones sin mar sin sol sin enfrentamientos con repeticiones sin vaca con sol con mar sin realidad sin imitación con exactitud sin parra sin nieve sin existencia sin realidad con dormitorios sin sal con claraboyas sin claraboyas sin forma sin multiplicidad con experiencia sin lápiz sin estética sin vendaval con lápiz con pertenencias con multitud sin testimonios sin procedimientos con realidad sin internet con realizaciones sin ruido con vaca sin vendaval con brutalidades sin vaca sin moscas con moscas con mar sin contornos sin vaca con lápiz sin papel sin forma sin moscas con vaca sin piedras sin forma con lápiz sin vaca sin mar sin momentos con instancias sin internet con lápiz sin fuego sin multitud sin moscas con brutalidades sin ruinas sin brutalidades con contornos sin pasión con vendaval sin ruido sin vendaval con lápiz sin forma sin mugidos sin moscas con parra con ruido sin multitud sin vaca sin temperatura sin forma sin emergencia sin lentitud con paredes sin invisibilidad sin vidrio con claraboyas sin realizaciones sin vereda con papel sin paredes sin parra con territorios sin piedras sin peligro sin autómatas con repertorio sin realizaciones sin conflictos con lógica sin

territorios sin ruido sin sol con parra sin radio sin
cuero sin realizaciones sin mar con tubos sin metal
sin temperatura sin agua con mar sin percepción
con reverberación sin limitaciones sin desplazamientos sin repeticiones sin variaciones con lápiz
con inteligencia con brevedad con mesa sin inclinación sin inteligencia con cuello con conciencia
sin nariz con propiedad sin justicia sin equilibrio
con audacia sin vendaval sin puertas sin precaución
sin desplazamientos sin ondulaciones sin obligación con relieve sin alternativas sin dirección con
armonía sin tensión con paredes sin radio sin cuero
con paredes con ausencias sin desplazamientos sin
radio sin cuero con vaca sin parra sin vendaval con
sol sin oportunidades sin realizaciones sin pernos
sin simpatía con vereda sin inteligencia con territorios sin vaca sin territorios sin multitud sin realizaciones con territorios sin moscas sin cambios con
continuidad sin temperatura sin pernos sin realizaciones sin territorios sin inteligencia con realidad
sin opuestos con conflicto sin libertad sin desplazamientos con voluntad sin ruido sin acciones con
uniformidad sin proporciones sin instintos sin deseo con elegancia sin vereda con realizaciones sin
deseo con forma con kilómetros sin caducidad sin
fe con fragmentos sin olor con símbolos sin ruido
sin mugidos sin radio sin cuero con vaca con mar
sin realizaciones sin forma sin deseo con forma sin
olor sin tristeza con destino sin desplazamientos
con variaciones sin inteligencia sin abertura sin
brevedad con mesa sin inclinación sin inteligencia
sin cuello con conciencia con nariz sin internet sin
moscas con acciones con ideas sin moscas sin moscas sin ideas con ideas con firma sin libro con fe

con necesidad sin deseo con multitud sin aplausos sin sol con moscas sin piruetas sin aplausos sin posibilidades con acciones sin moscas sin sur con moscas con posibilidades sin piruetas sin vaca con moscas sin territorios sin mar sin tubos sin metal con temperatura con agua con sol con mar sin puertas sin ruido con territorios sin mugidos sin inteligencia con inteligencia sin vaca sin inteligencia sin pasado con temperatura sin episodios sin poder con recuperación con realidad sin daños sin realizaciones sin parra con profundidad sin radio sin mar sin cuero con mesa sin inclinación con realizaciones sin moscas con vaca sin internet con piel sin radio sin cuero sin cólera sin inteligencia con oportunidades con sol sin ruido con sombra sin vereda con papel sin realizaciones con acciones con internet sin moscas sin repeticiones con variedad con experiencia sin errores sin trabajo con acciones sin radio sin cuero con experiencia sin terror con experiencia con terror sin moscas sin ideas con moscas sin ideas sin realizaciones sin autobiografía con moscas con deseo sin piruetas con acciones sin moscas sin inteligencia sin piruetas con oportunidades sin temperatura sin momentos con instancias sin vereda con olor sin vaca sin mar sin parra sin ruido sin radio sin cuero sin desplazamientos con reverberación sin moscas con pan sin parra sin ruido sin sombra sin vendaval sin oportunidades con acciones sin computadora sin realizaciones con dirección sin caminos con territorios sin experiencia sin temperatura con acciones con reverberación con pan sin reverberación sin inteligencia con estructura sin territorios con mugidos sin deseo con multitud sin multitud con realizaciones sin vaca con realidad sin vaca sin reverberación con ética con estética con acciones sin propósitos sin moscas sin manuscritos sin reverberación con cuaderno sin poliedros con conocimiento con moscas sin vaivén sin escaleras con temperatura sin moscas sin eternidad con ejemplo con detalle sin impulso con vaivén sin sombra con danza sin vereda sin frío con olor con lenguajes sin moscas con acciones sin moscas sin moscas con forma sin herramientas sin ruido sin adherentes con lápiz con desplazamientos sin sol sin claraboyas con territorios sin catedrales con radio sin cuero sin territorios sin temperatura con detalles con kilómetros con olor sin errores con atractivo sin inteligencia con inteligencia sin multitud sin mugidos con principio sin territorios sin belleza con experiencia sin escaleras con inteligencia con acciones sin forma con acontecimientos sin forma sin vaca con inteligencia sin multitud con leyes sin dormitorios sin sal sin mesa sin inclinación sin esperanza sin mar con forma con temperatura con episodios sin estilo con forma sin innovaciones sin apariencia con emoción sin perspectivas con virtudes sin paciencia con repeticiones sin variedad con multitud sin aventura sin nostalgia sin multitud con vaivén sin lápiz sin inteligencia sin radio sin cuero con ruido con búsquedas sin episodios sin multitud sin realidad con sol con territorios sin lápiz con territorios sin detalles con acciones con territorios sin vaca sin pan sin cosas sin temperatura con lápiz sin mesa con inclinación sin territorios sin olor sin bendiciones con territorios sin olor sin categorías sin fragmentos con detalles sin resistencia con vaca sin acciones sin multitud con multitud con parra sin objetivos con olor con repeticiones sin vendaval sin

vaca con territorios sin territorios sin tubos sin temperatura con agua sin dormitorios sin sal con ruedas sin inteligencia con olor sin brillo con mar sin
información sin recuerdos sin territorios con forma
sin autómatas con realizaciones sin lógica con sol
con evidencias con ruido sin desplazamientos con
dirección con mar sin forma con proporciones con
alternativas sin dirección con equilibrio sin forma
con vaca sin desplazamientos sin forma con interpretaciones sin territorios con kilómetros sin lápiz
sin ruido sin pan sin intuición con comienzo sin
momentos sin instancias con evolución sin vaivén
sin presencia sin brutalidades sin percepción con
reverberación sin moscas con vereda con realizaciones sin claraboyas sin zapatos sin multitud con
enfrentamientos sin sol con parra sin radio sin cuero sin mar sin arena sin fuego sin agujero sin inteligencia sin vereda con vendaval con recuerdos sin
antorcha con radio sin cuero con electricidad sin
parra con sol sin estructuras sin desplazamientos
con olor sin brillo con experiencia sin mar sin habilidades con deseo con descripciones con exactitud
con tubos sin metal sin agua sin temperatura sin territorios sin realizaciones con territorios con temperatura con evidencias sin olor con inteligencia sin
arena con vaca sin realizaciones con razonamiento
con acontecimientos sin lápiz sin realidad sin objetivos con ingredientes con realidad sin mar sin territorios con conspiración sin vaca con brillo con
preguntas sin experiencia con realizaciones sin kilómetros sin mar sin vereda con realizaciones sin
experimentos sin realizaciones sin inteligencia con
objetivos sin ruido sin territorios con sol sin sol sin
lápiz con territorios sin territorios sin realizaciones

con forma sin acciones con objetivos sin ejemplos
sin brillo sin mar sin forma sin desplazamientos sin
realizaciones con títulos sin tubos sin metal sin
temperatura sin agua sin temperatura sin multitud
con brutalidades sin momentos sin instancias con
inteligencia con mar con desplazamientos sin forma sin temperatura con electricidad sin desplazamientos con brutalidades con multitud sin lápiz con
internet sin temperatura con desplazamientos sin
puertas sin vereda sin claraboyas con radio sin cuero sin sol sin desgaste con efecto sin ficción con inteligencia sin mar con dimensión sin mugidos con
lápiz sin moscas con multitud sin ánimo con temperatura sin lápiz sin realizaciones sin multitud sin
conducta sin territorios con acciones sin contornos
sin internet con territorios con brutalidades sin olor
con inteligencia con temperatura sin mar sin temperatura sin momentos con instancias sin forma con
momentos sin instancias sin paredes sin vereda con
claraboyas sin papel sin inteligencia con vaca sin
moscas sin realizaciones con demostración sin arena sin ropero sin electricidad con olor sin cubo sin
sol con mar sin temperatura con complicidad con
territorios sin forma con sol sin multitud sin moscas sin parra sin radio con cuero con temperatura
con moscas sin cotidianidad sin análisis con códigos con internet sin realizaciones con percepción
sin procedimientos con forma con saliva sin anhelos con inteligencia sin ruido con territorios sin mar
sin multitud con inteligencia sin moscas sin vaca
sin vereda sin brutalidades con parra sin sombra sin
temperatura con mugidos sin dormitorios sin sal
con temperatura sin temperatura sin vaivén con técnica sin brutalidades sin papel sin neuronas con

brutalidades sin territorios con multitud sin vereda
sin momentos con instancias sin instancias con traducción con multitud sin forma con realizaciones
sin objetividad sin territorios sin moscas con forma
con respuestas sin parra sin radio sin cuero con vaivén sin vaivén con ética con estética sin vendaval
sin realizaciones sin vaca sin radio sin cuero con
moscas sin seguridad sin fortuna con piedras sin
delicadeza con sol con desplazamientos sin fortuna
sin taparrabos con radio sin cuero sin ruido sin sol
con atractivos sin multitud sin vendaval sin realizaciones sin forma sin latas sin lápiz con zapatos con
vereda con colección sin mar con vereda sin territorios con radio sin cuero sin moscas sin ruido sin
magnetismo con agua sin tubos sin metal sin temperatura sin agua con territorios sin territorios sin
vaca sin moscas sin cosas sin vereda con realizaciones con diámetro con arena con tubos con metal
sin tubos sin metal sin temperatura con agua sin
olas con arena con arena con territorios sin vendaval sin realizaciones sin sol con inteligencia sin alcantarillas con lápiz sin mar sin inteligencia sin delicadeza con tubos sin metal sin temperatura sin
agua sin sol con vientre sin lápiz sin inteligencia
sin necesidad sin mar sin papel con sol sin mar sin
cansancio sin taparrabos sin deseo con realizaciones con oportunidades sin sol con claraboyas con
zapatos sin enfrentamientos con multitud sin realizaciones con escaleras sin realizaciones con lápiz
sin mugidos sin ruido con radio sin cuero con vaca
sin mugidos sin territorios sin ropero sin olor sin
electricidad con sol con escaleras con claraboyas
con zapatos sin vendaval sin forma sin agua con tubos sin metal sin temperatura con agua con mar sin

enfrentamientos con piel con papel con crecimiento sin claraboyas sin belleza sin claraboyas con claraboyas sin dormitorios sin sal sin brutalidades sin fuego con lápiz sin claraboyas con radio sin cuero sin ruido con internet sin fuego sin vaca sin zapatos con vendaval con inteligencia sin olor sin ruido con ruido con vereda con claraboyas con sol sin ruido sin claraboyas sin inteligencia sin internet sin computadora sin lápiz con indiferencia sin sensaciones sin revistas sin lápiz con forma sin olor con alfombra sin radio sin ruido con piedras con papel con parra sin sombra con dormitorios sin sal con territorios sin multitud sin fuego sin realizaciones con multitud sin queroseno con parra con oportunidades sin deseo con zapatos con ruido con multitud con queroseno sin lupa sin ropero sin revistas sin parra sin obstáculos sin sol sin ruido sin radio sin cuero con piel con interferencia sin arena sin vaca con multitud sin olor sin deseo sin arena sin puertas sin revistas sin fuego con moscas sin vaca sin ruido sin agua sin claraboyas con vidrio con moscas sin polvo sin fuego sin internet con posibilidades sin moscas sin claraboyas con agua sin tubos sin metal sin temperatura sin agua con sol sin contornos con parra con sol sin posibilidades sin brutalidades con mar sin electricidad sin territorios sin vereda con realizaciones con zapatos sin lentitud sin realizaciones con cicatriz sin pan sin inteligencia con vaca sin frasco sin vidrio sin moscas sin cicatriz con ropero sin olor sin electricidad sin moscas sin radio con cuero sin brutalidades con multitudes sin territorios con parra con queroseno sin olor sin radio sin cuero sin parra sin inteligencia sin ruido sin moscas sin acciones sin tijeras sin inocencia con lápiz sin electricidad con sol sin lápiz sin computadora sin moscas sin multitud con agua sin deseo con realizaciones sin zapatos con vereda sin latas sin realizaciones con mugidos sin zapatos sin ausencias sin inteligencia sin opresión sin reja con inteligencia sin electricidad con mar sin ideas con ruido con montañas sin ropero sin moscas con arena sin territorios con realizaciones sin moscas con sol con pan sin sensaciones con pan sin electricidad sin elegancia sin complicidad sin parra sin radio con cuero sin ruido sin piedras con realizaciones sin mugidos con olor con desplazamientos con brutalidades sin deseo con vaca sin multitud sin repeticiones sin lápiz con internet sin realizaciones sin repeticiones sin ruido sin lentitud sin olor sin variaciones con relieve sin proporciones con fe con alternativa con aprendizaje sin proporciones con claraboyas con zapatos sin recuerdos con lápiz sin dormitorios sin sal con electricidad sin audífono con enfrentamientos sin moscas sin ruido sin incertidumbre con electricidad sin condiciones sin inteligencia sin agua con contornos con vaca sin moscas sin territorios sin dormitorios con sal sin fe con enfrentamientos con realizaciones sin territorios sin fuego con contornos sin pan sin desplazamientos sin realizaciones sin objetivos sin sol con mar sin radio sin cuero sin vaca sin errores sin pan con vereda sin temperatura sin desplazamientos sin olor sin realizaciones sin vidrio sin realizaciones con contemporaneidad con mar sin moscas sin sol con parra con internet sin multitud con inteligencia con desplazamientos sin inteligencia con dimensiones sin nieve sin andamios con claraboyas sin olor con papel sin inteligencia sin vereda sin belleza sin durabilidad con latidos sin defectos con oportunidades sin dormitorios con sal sin territorios con multitud sin deseo con sol sin mar con arena sin posibilidades sin ternura sin pan sin lentitud con desplazamientos sin nervios sin tubos sin metal sin temperatura con agua sin vereda con sensaciones sin ruido con dispersión sin inteligencia con forma sin moscas sin olor con realizaciones con vereda sin multitud sin cabello sin deudas sin repeticiones con silla sin lápiz con fragilidad sin dormitorios sin sal sin humillación con electricidad sin audífono sin radio con cuero sin pan con pan sin desplazamientos con nieve sin revistas sin aljibe sin multitud sin moscas sin territorios sin lentitud sin bolsas sin claraboyas sin parra con zapatos sin radio sin cuero sin exclamación con aljibe sin agua sin tubos sin metal sin temperatura con agua sin mar sin puertas con inteligencia con papel sin inteligencia sin parra sin paréntesis sin lápiz con ruido con comillas sin moscas sin mugidos sin territorios sin vaca sin realizaciones sin internet con computadora sin fuego sin multitud con realizaciones sin vaca sin deseo sin vaca con vereda con moscas sin ecuaciones sin techo sin degeneración con ladrillos sin arena sin contornos sin olor con degeneración sin repeticiones con internet sin tubos sin temperatura sin agua con temperatura con electricidad con kilómetros sin realizaciones sin electricidad sin barro con belleza con parra sin ladrillos sin desplazamientos con conducta sin puertas sin inocencia sin ropero sin vaca con parra sin inocencia sin pan sin territorios sin vereda sin escaleras con sótano sin forma sin computadora con colecciones sin ladrillos sin mesa sin inclinación con vestigios sin mar

sin lápiz sin brutalidades sin territorios sin papel
sin psicología sin revistas sin mar sin puertas con
papel sin talco sin desnutrición sin moscas sin paredes con mar sin brutalidades con espectáculo sin
realizaciones con multitud sin paredes con aplausos
con instinto sin vendaval sin altura con realizaciones sin moscas con deportes sin ruido sin llanto
con aplausos sin sol sin humedad sin taparrabos sin
deseo con vaca con recuerdos sin realizaciones sin
territorios con identidad sin sótano sin mugidos sin
taparrabos con puertas sin claraboyas sin acciones
sin radio sin cuero sin lápiz con papel con mugidos
sin inteligencia sin belleza sin territorios con mar
con conceptos sin vaca con basura sin estilo sin
brutalidades con piel sin lápiz con solidaridad sin
fortuna con alivio sin organismos sin dormitorios
sin sal sin parra con sombra con control sin ropero
con olor con electricidad sin territorios con inteligencia con olor sin silla con caridad con lentitud
con ladrillos sin ropero sin olor con electricidad
con paredes sin forma sin humedad con forma sin
evolución sin olor sin forma sin inteligencia con silla sin arena con realizaciones sin ruedas sin independencia con arena sin oportunidades sin territorios sin multitud sin inteligencia con parra sin pruebas sin fragilidad sin ruido sin vaca con realizaciones sin probabilidades sin forma con forma sin acciones con preferencias sin técnica sin misterios
con territorios sin belleza sin ranuras con delicadeza sin electricidad sin territorios sin estilo con esquemas sin frescura con ranuras sin materia sin
energía sin armonía con delicadeza sin papel con
lápiz con electricidad con reverberación sin desplazamientos sin realizaciones sin temperatura con

campanas con anestesia sin vendaval sin ruido con
enfrentamientos sin inteligencia con ruido sin radio
con cuero sin deseo sin olor con mar con puertas
sin enfrentamientos sin territorios sin matemáticas
sin deseo con silla sin claraboyas con brutalidades
sin moscas sin ranuras sin enfrentamientos sin claraboyas con zapatos sin sol con inteligencia sin parra con papel sin silla sin sol sin realizaciones con
fragmentos sin investigación sin panfletos sin repeticiones sin forma sin inteligencia con paredes sin
vendaval con mar con enfrentamientos sin vaca sin
territorios sin olor con independencia con olor con
resistencia con silla sin lápiz con vereda con momentos sin instancias sin agua sin forma sin tubos
sin metal sin temperatura sin realizaciones sin dormitorios sin sal con realizaciones sin fuego con
queroseno sin mar sin vendaval con olor sin pernos
con realizaciones sin mar con vereda sin aljibe sin
claraboyas con belleza sin forma sin cabezas con
olor sin inteligencia con aplausos sin lápiz sin papel sin disciplina con vaca sin plomo con bolsas
con botella con realizaciones sin queroseno sin botella sin queroseno sin vereda con ladrillos sin
computadora sin opresión sin paredes sin inteligencia con olor sin afrodisíacos con multitud con
conversaciones sin euforia con plantillas sin forma
sin plantillas sin deseo con posibilidades con territorios con experimentos con repeticiones sin territorios sin dificultades con paredes con territorios
con papel sin deseo sin renglones sin realizaciones
sin electricidad sin ruido sin realizaciones sin ruido
con multitud sin disciplina con inteligencia sin paredes sin instrucciones sin mar con respiración sin
ruido con internet sin inteligencia con mensajes sin

moscas sin vaca sin ruido con rambla con mar sin
territorios con inteligencia sin sombra sin hamaca
sin parra con cansancio sin realizaciones sin inteligencia con parra sin radio sin cuero sin sol con paredes sin mar sin realizaciones sin inteligencia con
vereda sin vereda con abusos sin mar sin lápiz con
vereda sin puertas sin vereda sin basura con sol con
tubos sin metal sin temperatura sin vaca sin vendaval con territorios con ruido sin valijas con ropero
sin multitud sin olor sin sótano sin vereda con multitud sin sótano sin territorios con lápiz sin aljibe
con mugidos sin internet con seguridad sin lápiz sin
papel sin repeticiones con kilómetros sin contornos
sin mugidos sin realizaciones sin ruido sin realizaciones con moscas con zapatos con escaleras sin alfombra sin territorios sin lápiz sin parra con vendaval con parra sin radio sin cuero sin vendaval con
lápiz sin enfrentamientos sin cicatriz sin instrucciones con objetivos sin dormitorios sin sal con
vendaval con olor con territorios sin vendaval sin
fe sin ruido con electricidad con internet con repeticiones con ropero sin olor sin electricidad sin repeticiones sin radio sin cuero con ruido sin realizaciones sin forma sin realizaciones con ruido con
mar sin moscas con multitud sin ruido con paredes
sin moscas sin fiebre sin computadora con electricidad sin mesa sin inclinación con puertas sin lentitud sin acciones con olor sin ruido sin realizaciones
sin mar con sol sin vaca con enfrentamientos sin
parra sin ruido con acciones sin realizaciones sin
monumentos con vaca con vendaval con lentitud
sin olor sin silla con inteligencia sin territorios sin
electricidad con olor sin vereda sin vendaval con
inteligencia sin parra con radio sin cuero sin silla

sin realizaciones con piedras sin paredes sin moscas sin consecuencias con internet sin moscas sin silla sin obstinación con vendaval sin moscas sin desplazamientos sin silla con moscas sin temperamento con olor con kilómetros con reverberación sin territorios sin internet con moscas sin parra sin olor sin sol con realizaciones sin enfrentamientos con moscas con fe con paredes sin belleza con moscas sin paredes sin reverberación sin realizaciones con enfrentamientos sin paredes con olor sin sol sin desplazamientos con realizaciones sin paredes sin temperamento sin ruido sin realizaciones con reverberación sin radio con cuero con parra con reverberación sin realizaciones sin silla con moscas sin internet sin moscas con agujeros sin moscas sin tubos sin agua sin temperatura con momentos sin instancias sin mar sin sed sin reverberación con paredes sin realizaciones sin enfrentamientos con moscas sin kilómetros con parra sin radio con cuero sin paredes con radio sin cuero sin moscas sin deseo con moscas sin electricidad sin insolencia con paredes sin olor sin errores sin pan sin parra con internet sin paredes con realizaciones sin puertas sin radio sin cuero con vendaval sin radio sin cuero sin vereda sin moscas con realizaciones sin radio sin cuero sin brutalidades con deseo sin paredes sin reverberación con temperatura sin parra con realizaciones sin moscas con moscas sin forma con olor sin moscas con enfrentamientos sin olor con temperatura sin temperatura sin realizaciones con moscas sin vendaval con internet sin moscas sin errores con repeticiones sin brutalidades con parra con kilómetros sin radio sin cuero sin realizaciones sin olor con paredes sin moscas sin realizaciones con moscas sin multitud sin lentitud con multitud sin mugidos sin territorios con territorios sin dormitorios con sal con silla sin calidad con vereda sin territorios con horror sin moscas con banderas sin dormitorios con sal con multitud sin misterios con fechas sin lentitud sin zapatos sin claraboyas sin piedras con olor sin deseo sin errores sin brutalidades con contornos sin enfrentamientos sin brutalidades con territorios con posibilidades sin posibilidades sin realizaciones sin olor sin brillo con territorios con computadora sin inteligencia sin olor sin sol sin realizaciones con multitud con aprendizaje con olor sin internet sin ruido sin territorios sin justicia con moscas sin moscas sin poder con deseo sin ideas con errores con lentitud sin ideas sin forma sin diferencias con inteligencia sin parra sin radio sin cuero sin lápiz sin ideas con consecuencias sin realizaciones sin multitud con forma sin vaca con vereda sin ruido sin realizaciones sin territorios con taparrabos sin radio sin cuero sin parra sin lápiz con honor sin forma sin objetivos con multitud sin internet con multitud sin honor sin enfrentamientos sin dormitorios sin sal con multitud sin olor sin lápiz sin belleza sin enfrentamientos con realizaciones sin taparrabos sin multitud con forma con pan sin honor con desplazamientos sin parra sin sol con mar con arena sin oportunidades sin lápiz sin ruido sin mugidos con vaca sin territorios sin lápiz con forma sin acciones sin vaca con acciones sin belleza con deseo sin inteligencia sin belleza sin deseo sin acciones con forma sin radio sin cuero con territorios sin lápiz sin moscas sin belleza con ruido sin lápiz sin mugidos sin realizaciones con inteligencia sin radio con cuero sin territorios con sol con electricidad sin mugidos sin realizaciones sin radio con cuero sin olor con vaca con sol con repeticiones sin pan sin lápiz con ruido sin vendaval sin lápiz sin ruido con realizaciones sin adherentes sin vaca con desplazamientos sin deseo con moscas sin parra sin lentitud sin realizaciones sin vereda con sol sin multitud sin momentos sin instancias sin mar sin temperatura con sol sin multitud con moscas sin inteligencia sin radio sin cuero sin parra sin lápiz sin papel sin olor sin momentos con instancias sin temperatura con sol sin realizaciones sin ruido con mar sin radio sin cuero sin territorios sin belleza con territorios

osvaldo cibils. 1961. Artista nacido en Montevideo,
Uruguay. Vive en Trento, Italia. Sus obras se
orientan principalmente hacia el dibujo, el sonido,
el videoarte y el desarrollo de ideas experimentales.
http://osvaldocibils.com
cibils@hotmail.it

carrito of Trento artbooks and small self-published
items
http://osvaldocibils.com/carritooftrento/editions.html

osvaldo cibils en Lulu
http://www.lulu.com/spotlight/osvaldocibils

www.ingramcontent.com/pod-product-compliance
Lightning Source LLC
Chambersburg PA
CBHW072232170526
45158CB00002BA/870